PSYCHODYNAMIK **Kompakt**

Herausgegeben von
Franz Resch und Inge Seiffge-Krenke

Jürgen Grieser

Elternarbeit in der Psychotherapie von Kindern und Jugendlichen

Vandenhoeck & Ruprecht

Bibliografische Information der Deutschen Nationalbibliothek:
Die Deutsche Nationalbibliothek verzeichnet diese Publikation in der
Deutschen Nationalbibliografie; detaillierte bibliografische Daten sind
im Internet über http://dnb.de abrufbar.

© 2018, Vandenhoeck & Ruprecht GmbH & Co. KG,
Theaterstraße 13, D-37073 Göttingen
Alle Rechte vorbehalten. Das Werk und seine Teile sind urheberrechtlich
geschützt. Jede Verwertung in anderen als den gesetzlich zugelassenen Fällen
bedarf der vorherigen schriftlichen Einwilligung des Verlages.

Umschlagabbildung: Paul Klee, Rote Säulen vorbeiziehend, 1928/akg-images

Satz: SchwabScantechnik, Göttingen
Druck und Bindung: ⊕ Hubert & Co. BuchPartner, Göttingen
Printed in the EU

Vandenhoeck & Ruprecht Verlag | www.vandenhoeck-ruprecht-verlage.com

ISSN 2566-6401
ISBN 978-3-525-40653-3

Inhalt

Vorwort zur Reihe 7

Vorwort zum Band 9

Einleitung 11

1 Warum es ohne die Eltern nicht geht 13
   1.1 Zur Geschichte der Elternarbeit 15
   1.2 Ziele der Elternarbeit 18

2 Die Beziehung zwischen Eltern und Kind 20
   2.1 Funktionen der Eltern für das Kind 22
   2.2 Funktionen des Kindes für die Eltern 24

3 Diagnostik der Eltern-Kind-Beziehung 27
   3.1 Das Standardsetting 27
   3.2 Diagnose der Eltern 30
   3.3 Dysfunktionale Eltern-Kind-Beziehungen 32
        3.3.1 Fixierung des Kindes in einer Rolle für seine Eltern 33
        3.3.2 Unvollständige und verzerrte Triaden 34
   3.4 Die Enttäuschung der Eltern über ihr Kind 36
        3.4.1 Das imaginäre Kind 36
        3.4.2 Das Kind als Trauma 37

4 Rahmenvereinbarung und Klärung des Settings	40
4.1 Getrennte und unvollständige Elternpaare	46
4.2 Elternarbeit in der Adoleszenz	48
5 Elemente der Elternarbeit	50
5.1 Die therapeutische Haltung	50
5.1.1 Wissen und Nichtwissen	52
5.1.2 Kultursensibilität	53
5.2 Die Gesprächstechnik	55
5.2.1 Ratschläge versus Verstehen	55
5.2.2 Vom Symptom zur Beziehung	56
5.2.3 Suche nach einem Fokus	57
5.2.4 Strukturieren und Mentalisieren	58
5.3 Übertragung und Gegenübertragung	59
5.4 Elternarbeit als Triangulierungsarbeit	62
5.5 Die Eltern stärken	64
5.6 Phasen der Elternarbeit	65
Literatur	67

Vorwort zur Reihe

Zielsetzung von PSYCHODYNAMIK KOMPAKT ist es, alle psychotherapeutisch Interessierten, die in verschiedenen Settings mit unterschiedlichen Klientengruppen arbeiten, zu aktuellen und wichtigen Fragestellungen anzusprechen. Die Reihe soll Diskussionsgrundlagen liefern, den Forschungsstand aufarbeiten, Therapieerfahrungen vermitteln und neue Konzepte vorstellen: theoretisch fundiert, kurz, bündig und praxistauglich.

Die Psychoanalyse hat nicht nur historisch beeindruckende Modellvorstellungen für das Verständnis und die psychotherapeutische Behandlung von Patienten hervorgebracht. In den letzten Jahren sind neue Entwicklungen hinzugekommen, die klassische Konzepte erweitern, ergänzen und für den therapeutischen Alltag fruchtbar machen. Psychodynamisch denken und handeln ist mehr und mehr in verschiedensten Berufsfeldern gefordert, nicht nur in den klassischen psychotherapeutischen Angeboten. Mit einer schlanken Handreichung von 70 bis 80 Seiten je Band kann sich der Leser, die Leserin schnell und kompetent zu den unterschiedlichen Themen auf den Stand bringen.

Themenschwerpunkte sind unter anderem:
- *Kernbegriffe und Konzepte* wie zum Beispiel therapeutische Haltung und therapeutische Beziehung, Widerstand und Abwehr, Interventionsformen, Arbeitsbündnis, Übertragung und Gegenübertragung, Trauma, Mitgefühl und Achtsamkeit, Autonomie und Selbstbestimmung, Bindung.
- *Neuere und integrative Konzepte und Behandlungsansätze* wie zum Beispiel Übertragungsfokussierte Psychotherapie, Schematherapie, Mentalisierungsbasierte Therapie, Traumatherapie, internet-

basierte Therapie, Psychotherapie und Pharmakotherapie, Verhaltenstherapie und psychodynamische Ansätze.
- *Störungsbezogene Behandlungsansätze* wie zum Beispiel Dissoziation und Traumatisierung, Persönlichkeitsstörungen, Essstörungen, Borderline-Störungen bei Männern, autistische Störungen, ADHS bei Frauen.
- *Lösungen für Problemsituationen in Behandlungen* wie zum Beispiel bei Beginn und Ende der Therapie, suizidalen Gefährdungen, Schweigen, Verweigern, Agieren, Therapieabbrüchen; Kunst als therapeutisches Medium, Symbolisierung und Kreativität, Umgang mit Grenzen.
- *Arbeitsfelder jenseits klassischer Settings* wie zum Beispiel Supervision, psychodynamische Beratung, Arbeit mit Geflüchteten und Migranten, Psychotherapie im Alter, die Arbeit mit Angehörigen, Eltern, Familien, Gruppen, Eltern-Säuglings-Kleinkind-Psychotherapie.
- *Berufsbild, Effektivität, Evaluation* wie zum Beispiel zentrale Wirkprinzipien psychodynamischer Therapie, psychotherapeutische Identität, Psychotherapieforschung.

Alle Themen werden von ausgewiesenen Expertinnen und Experten bearbeitet. Die Bände enthalten Fallbeispiele und konkrete Umsetzungen für psychodynamisches Arbeiten. Ziel ist es, auch jenseits des therapeutischen Schulendenkens psychodynamische Konzepte verstehbar zu machen, deren Wirkprinzipien und Praxisfelder aufzuzeigen und damit für alle Therapeutinnen und Therapeuten eine gemeinsame Verständnisgrundlage zu schaffen, die den Dialog befördern kann.

Franz Resch und Inge Seiffge-Krenke

Vorwort zum Band

Die Arbeit mit den Eltern stellt in der Psychotherapie von Kindern und Jugendlichen eine oft unterschätzte Herausforderung dar. Es spricht vieles dafür, dass die – im Vergleich zu Erwachsenentherapien häufigeren – Behandlungsabbrüche bei Kindern und Jugendlichen zu einem guten Teil auf Schwierigkeiten zurückzuführen sind, die die Therapeuten und Therapeutinnen im Umgang mit den Eltern haben. Diese Erfahrung hatte schon Sigmund Freud in einer Therapie mit einer Jugendlichen gemacht. Lange Zeit hatte die Elternarbeit in der Kinderpsychoanalyse den »Beigeschmack einer Psychotherapie zweiter Klasse«. Dem vorliegenden Buch gelingt es, die Arbeit mit den Eltern von den historisch gewachsenen Abwertungen zu befreien und zur Entkrampfung und Entwicklung von Freude an dieser Arbeit beizutragen.

Jürgen Grieser formuliert die Ziele der Elternarbeit; sie helfen sehr dabei, die Zusammenarbeit zu erleichtern und Veränderungsprozesse zu initiieren. Es ist spannend zu lesen, wie sich die Eltern-Kind-Beziehung über die verschiedenen Entwicklungsphasen verändert und wie sie in der Adoleszenz noch einmal in besonderer Weise herausgefordert wird. Deutlich wird, dass nicht nur die Eltern wichtige Funktionen für das Kind besitzen, sondern auch das Kind die Einstellungen und das Verhalten der Eltern immens beeinflusst. Schon vor der Geburt wird ein ganzer phantasmatischer Bedeutungskomplex aktiviert. Die Wünsche, Erwartungen und Befürchtungen der Eltern präformieren das Verhältnis zum realen Kind. Kinder verändern die Familie und reaktivieren Kindheitserfahrungen bei den Eltern.

Im Zentrum der Elternarbeit stehen nicht die Eltern oder das Kind allein, sondern insbesondere die Beziehung zwischen den Eltern und dem Kind. Das Buch von Jürgen Grieser ist daher ganz konsistent hin auf die Arbeit in der Triade orientiert. Diagnostisch müssen deshalb nicht nur die Symptome und der Leidensdruck beim Kind erfasst werden, sondern auch die Persönlichkeiten und deren Störungen bei den Eltern, bevor eine psychodynamische Beziehungsinterpretation erfolgen kann. Die triadischen Kompetenzen der Eltern bilden die Voraussetzung für den günstigen Entwicklungsrahmen des Kindes. Dysfunktionale Eltern-Kind-Beziehungskonstellationen werden ausführlich beschrieben und deren Auswirkungen auf die Entwicklung des Kindes verdeutlicht. Ein mangelndes Kompetenzerleben ruft bei den Eltern Gefühle der Ohnmacht und Hilflosigkeit hervor. Es können familiäre Teufelskreise entstehen, die zu wechselseitigen Fehleinschätzungen und schließlich als »cotraumatische Prozesse« zur Verunmöglichung einer positiven intersubjektiven Kommunikation beitragen.

Das Buch stellt verschiedene Settings der Elternarbeit vor und bereichert durch pragmatische Empfehlungen. Das Thema der Arbeit mit getrennten Elternpaaren und die Elternarbeit in der Adoleszenz werden explizit hervorgehoben. Die therapeutische Haltung und die Gesprächstechnik bilden wichtige Elemente der Elternarbeit. Sie werden im Einzelnen erläutert und durch interessante Beispiele aus der Praxis ergänzt. Die verschiedenen Phasen der Elternarbeit lassen bestimmte Problemstellungen jeweils in den Vordergrund treten. Gerade in der mittleren Behandlungsphase, wenn die Therapie scheinbar rund läuft, darf man nicht den Fehler machen, die Elternarbeit zu vernachlässigen. Besondere Bedeutung kommt auch dem Behandlungsende zu, wenn Kinder und ihre Eltern auf die neuen Herausforderungen vorbereitet werden müssen.

Ein sehr interessantes, informatives Buch zu einem wichtigen, leider immer noch vernachlässigten Thema.

Inge Seiffge-Krenke und Franz Resch

Einleitung

Die besondere Herausforderung in der Psychotherapie von Kindern und Jugendlichen liegt weniger in der Arbeit mit dem Kind oder Jugendlichen als vielmehr im Umgang mit den Eltern und anderen wichtigen Bezugspersonen. Oft wird jedoch die Arbeit mit den Eltern als unangenehme Pflicht und die mit dem Kind als das eigentliche therapeutische Tun, die Kür, empfunden. Dennoch stellt die Arbeit mit den Eltern den eigentlichen Knackpunkt und die wahre Herausforderung in der therapeutischen Arbeit dar, sie kann für das Gelingen oder Misslingen des ganzen therapeutischen Prozesses entscheidend sein. Aus diesem Grund ist die sogenannte »therapiebegleitende« Elternarbeit auch kein Nebenschauplatz der Therapie mit dem Kind, gerade nicht etwas, das die Arbeit mit dem Kind »begleitet«, sondern der Dreh- und Angelpunkt für die ganze therapeutische Arbeit. Die Psychotherapierichtlinien der BRD sehen Elternarbeit im Verhältnis 1:4 vor.

Die Notwendigkeit, die Angehörigen in die Behandlung mit einzubeziehen, gestaltet die Arbeit des Kinder- und Jugendlichentherapeuten deutlich komplexer als die eines Erwachsenentherapeuten, der hauptsächlich im Zweipersonensetting arbeitet. Oft fühlen sich die Therapeutinnen und Therapeuten den Eltern gegenüber unsicher und erleben in den Sitzungen mit den Eltern wenig von der Freude, die sie in der Arbeit mit dem Kind finden. Dies führt dazu, dass gerade »auch bei jungen Kollegen in der Ausbildung oder in den ersten Jahren ihrer Berufstätigkeit die Elternarbeit wider besseren Wissens vernachlässigt oder vergessen wird, oft mit einem schlechten Gewissen« (Althoff, 2017, S. 45).

In diesem Sinne wäre das Ziel dieses Büchleins erreicht, wenn es etwas zur Entkrampfung und Entwicklung von Freude in und an der Arbeit mit den Eltern beitragen könnte, so wie wir ja auch bei manchen Eltern-Kind-Paaren ein Ziel der Elternarbeit so definieren, dass es darum geht, den Eltern zur »Wiederentdeckung der Freude am Kind« (Datler, Figdor u. Gstach, 1999) zu verhelfen.

Da die große Mehrzahl der in der Psychotherapie und Beratung von Kindern und Jugendlichen Tätigen weiblichen Geschlechts ist, werde ich meist nur von »Therapeutinnen« sprechen. Ebenso differenziere ich nur dann zwischen Kindern und Jugendlichen, wenn das Alter eine Rolle spielt. Auch sind in der Regel mit Eltern auch Stief- oder Patchwork-Eltern mitgemeint. Für die hier beschriebene Dynamik spielt auch keine Rolle, ob es sich um homo- oder heterosexuelle Eltern handelt. In weiten Teilen ist der beschriebene Umgang mit den Eltern auch auf Pflegeeltern oder weitere Bezugspersonen anwendbar.

1 Warum es ohne die Eltern nicht geht

Anders als erwachsene Patienten sind Kinder und Jugendliche nicht nur lebenspraktisch, sondern auch juristisch von ihren Bezugspersonen, in der Regel also den Eltern, abhängig. Also ist es aus prinzipiellen Gründen unmöglich, mit einem Kind oder Jugendlichen zu arbeiten, ohne die Sorgeberechtigten zu berücksichtigen. Angehörige, die sich von der Behandlung ausgeschlossen fühlen, können über kurz oder lang zum Problem werden, egal ob in der Kinder- oder Erwachsenentherapie. Hier wie dort haben sie Mühe, die Veränderungen als für sich selbst auch positive Veränderungen wahrzunehmen, kann doch Veränderung zunächst einmal Angst auslösen, insbesondere wenn man als Angehöriger selbst in die Dynamik mit einbezogen ist, die zur Entstehung und Aufrechterhaltung der Probleme des Patienten beitrug. Und vieles spricht dafür, dass die im Vergleich zu den Therapien mit Erwachsenen häufigeren Behandlungsabbrüche bei Kindern und Jugendlichen zu einem guten Teil auf die Schwierigkeiten der Therapeutinnen im Umgang mit den Eltern zurückzuführen sind (Diez Grieser, 1996; Seiffge-Krenke u. Cinkaya, 2017).

So machte Sigmund Freud mit jugendlichen Patientinnen schlechte Erfahrungen; die Behandlung von Dora, die er auf Drängen des Vaters, gegen den Widerstand der Jugendlichen und ohne Einbezug der Mutter, durchzuführen versuchte, scheiterte, und die Behandlung einer anderen Jugendlichen wurde abgebrochen, als deutlich wurde, dass deren Probleme mit einer geheim gehaltenen außerehelichen Beziehung der Mutter zu tun hatten. Die Mutter machte dieser für ihre Zwecke »schädlichen« Behandlung ein Ende und steckte ihre Tochter in eine Nervenheilanstalt (Freud, 1916–17, S. 479). Fortan sah Freud in der »Dazwischenkunft der Angehörigen geradezu eine Gefahr« für die psychoanalytischen Behandlungen, »der man nicht zu begegnen weiß« (S. 478).

Von stationären kinder- und jugendpsychiatrischen Behandlungseinrichtungen werden im Rückblick auf die vorangegangenen ambulanten Therapien auch heute noch deutliche Mängel im Einbezug und therapeutischen Umgang mit den Eltern festgestellt. So beschreibt Rüth (2000) drei Typen von Problemen, die in der vorausgehenden ambulanten Psychotherapie nicht gelöst werden konnten: Es fand keine oder zu wenig Elternarbeit statt, die Eltern agierten eigene psychische Probleme in Form von unkooperativem Verhalten aus, oder die Jugendlichen lehnten den Einbezug der Eltern ab. Der Grund dafür, dass die ambulanten Behandlungen nicht zum Ziel führten, sei nicht etwa darin zu sehen, dass die Indikationsstellung für eine ambulante Psychotherapie falsch gewesen sei, sondern im ungenügenden Einbezug der Eltern.

Doch braucht es die Eltern nicht nur darum, damit sie die Therapie zulassen und nicht blockieren, wenn sie mit den Veränderungen, die die Behandlung anstößt, nicht zurechtkommen. Es braucht sie auch, weil eine bleibende Veränderung des Kindes voraussetzt, dass sich auch die Eltern verändern, was jedoch das Kind allein nicht vollbringen kann, wie Burlingham schon 1935 erkannte: Nehme man ein Kind zur psychotherapeutischen Behandlung aus der Familie heraus und gebe man es dann geheilt wieder in die Familie zurück, so würden die alten Symptome wieder auftreten, weil sich ja zwischenzeitlich an der familiären Situation nichts geändert hätte.

Eine weitere Notwendigkeit dafür, die Eltern von Anfang an in die Behandlung mit einzubeziehen, sah Burlingham in der Kränkung und im Verlust, die die Eltern erleben, wenn sie ihr Kind in eine Therapie geben müssen. Denn sie scheinen es nicht richtig zu machen und müssen deshalb ihr Kind einer anderen Person, die es anscheinend besser kann, überlassen. Dafür müsse den Eltern in Form der Elterngespräche mit der Therapeutin ein Ersatz geboten werden.

Die Eltern müssen also die Kränkung bewältigen können, eine Therapie für ihr Kind zu benötigen, und sie müssen in der Lage sein, Veränderungen im familiären System und auch bei sich selbst als Mutter und Vater individuell zuzulassen und zu vollziehen. Darüber hinaus stellt die verbindliche und regelmäßige Präsenz der Eltern in der Behandlung des Kindes klar, dass sie nicht aus der Beziehung der Therapeutin zum Kind ausgeschlossen werden sollen, dass die Therapeutin nicht an ihre Stelle beim Kind treten will.

Die Elterngespräche liefern der Therapeutin wichtige Informationen, die sie vor allem vom kleinen Kind nicht erhält, das mit seiner Verhaftung in der Phantasie viele Dinge noch nicht kohärent und nachvollziehbar vermitteln kann. Außerdem erlebt die Therapeutin in den Elterngesprächen am eigenen Leib, wie die Eltern mit anderen Menschen umgehen, was sie in diesen auslösen, und bekommt dadurch, anhand ihres eigenen Gegenübertragungserlebens, Einblicke in die psychische Dynamik der Eltern, der ja auch das Kind ständig ausgesetzt ist.

1.1 Zur Geschichte der Elternarbeit

Zunächst sah Anna Freud ganz wie ihr Vater die »unvermeidliche Einmischung« der Eltern in die Behandlung als einen einer »Unzahl von Nachteilen«, die ihrer Meinung nach die Arbeit des Psychoanalytikers mit Kindern erschwere (A. Freud, zit. nach Novick u. Novick, 2005; dt. 2009, S. 19). Stellte die Arbeit mit den Eltern in den Augen der Erwachsenenanalytiker ihrer Zeit »eine minderwertige Form der Berufstätigkeit dar« (A. Freud, 1970, S. 2559), so kann man heute sagen, dass die zielgerichtete Integration der Eltern und weiterer Bezugspersonen in die therapeutische Arbeit diese nicht nur solider und wirkungskräftiger, sondern auch vielfältiger und spannender gestalten kann – sowohl behandlungspraktisch wie auch erkenntnistheoretisch. Denn weil die Kinder- und Jugendlichenpsychotherapeutin neben den imaginären, von ihrem Patienten in dessen Erzählungen, Spielen, Inszenierungen und Übertragungen repräsentierten Bezugspersonen diese in ihrer Praxis auch als reale Personen vor sich hat, kann sie ganz andere Vorstellungen zu deren Rolle in der Entstehung und Aufrechterhaltung der Symptome ihres Patienten entwickeln, als wenn sie diese nur als innere Repräsentanzen des Patienten kennt wie der Erwachsenenanalytiker.

Verweilen wir noch kurz bei der Geschichte der therapiebegleitenden Elternarbeit, wie sie zum Beispiel bei Novick und Novick (2005, dt. 2009) oder Althoff (2017) nachzulesen ist, so fällt auf, dass der unterschiedliche Umgang mit den Eltern einerseits natürlich vom jeweiligen theoretischen Standpunkt beeinflusst war, also den Konzepten über den psychischen Apparat und die Entstehung und analytische Behandlung von psychischen Störungen, andererseits aber auch davon, ob man damit innerhalb der Fachkollegen, damals also der psychoanalytischen Gemeinschaft, Anerkennung oder Ablehnung zu erwarten hatte.

Weil der Kinderanalyse und Elternarbeit der Beigeschmack einer »Psychotherapie zweiter Klasse« (Chethik, 1989, zit. nach Novick u. Novick, 2005; dt. 2009, S. 239) anhaftete, waren die Kinderanalytiker verführt, besonders gewissenhaft die analytischen Grundsätze einzuhalten, einem reinen Modell der Psychoanalyse zu entsprechen, in dem »die aktuelle äußere Realität als weitgehend irrelevant und unter Umständen sogar als Gefährdung einer ungestörten Entwicklung der Übertragung und des psychoanalytischen Prozesses betrachtet« wurde (Rosenbaum, 1994, zit. nach Novick u. Novick, 2005; dt. 2009, S. 20 f.).

In den Anfängen der Kinderanalyse treffen wir vier verschiedene Positionen hinsichtlich des Einbezugs der Eltern in die Therapie des Kindes an: Anna Freud und Melanie Klein stritten sich darüber, ob das Kind in der Lage sei, eine Übertragung auf die Analytikerin aufzubauen, die dann, wie in der Erwachsenenanalyse, den Motor und die Motivation für die analytische Arbeit darstellt. Anna Freud sagte nein, das Kind habe weder konstant eine Krankheitseinsicht noch eine konstante Übertragungsbeziehung zur Verfügung, die ihm ermöglichen würden, in Zeiten des Widerstands die analytische Arbeit aufrechterhalten zu wollen. Deshalb komme man leider um die Eltern nicht herum, und »wir haben es als die Regel hinzunehmen, daß Beginn, Aufrechterhaltung und Vollendung der Behandlung nicht die eigene Verantwortung des Patienten, sondern die seiner Umwelt sind; daß in dieser und vielen anderen Beziehungen die Eltern als Stütze der kindlichen Ich- und Über-Ich-Funktionen mit in die Analyse gezogen werden und die ausschließliche Beziehung zwischen Patienten und Analytiker stören« (A. Freud, 1965, S. 2149).

Klein hingegen postulierte, die Kinder seien sehr wohl in der Lage, eine volle Übertragungsbeziehung mit sogar frühesten Objektbeziehungserfahrungen auf die Analytikerin zu entwickeln, und versuchte, den Kontakt mit den Eltern zu vermeiden, um sich vollkommen unbeeinflusst als Übertragungsfigur dem Kind gegenüber einstellen zu können. Sie sah zwar auch die Notwendigkeit von Veränderungen aufseiten der Eltern, ging jedoch davon aus, dass diese durch die Veränderungen des Kindes angestoßen würden.

Eine dritte Position vertrat, wie schon erwähnt, Burlingham mit ihrem Hinweis auf die Kränkung der Eltern durch die Behandlung des Kindes und die Notwendigkeit, aktiv bei den Eltern auf eine Veränderung der familiären Dynamik hinzuwirken. Schließlich kann als vierte Position noch Hug-Hellmuth (1920/1994) erwähnt werden, die sich als Erste überhaupt zur Arbeit mit den Eltern äußerte, und zwar zwiespältig: Einerseits wollte auch sie die Eltern von der Analyse des Kindes fernhalten, andererseits schätzte sie die Auskünfte der Eltern über das Kind als wertvoll ein und schlug sogar die Verwendung von Elternfragebögen vor. Im Wesentlichen allerdings »reduzierte sie die Eltern auf den Status von Informanten« (Althoff, 2017, S. 19).

Aus der nach wie vor spärlichen Zahl von Veröffentlichungen zum Thema Elternarbeit soll auf die heute kaum noch erwähnte Annemarie Dührssen hingewiesen werden, die in ihrem 1960 erstmals erschienenen »Lehrbuch für Familien- und Kindertherapie« dem »Umgang mit den Eltern« so viel Raum und Gewicht gibt wie kein anderer Autor. Insbesondere als Berufsanfängerin kann man von ihren ausführlichen Darstellungen profitieren, in der sie störungsspezifische Elterndynamiken und therapeutische Interventionen in der Elternarbeit darlegt. Die ungewöhnliche Offenheit ihrer Ausführungen lässt die kritische Leserin auch erkennen, wie zeitgebundene Vorstellungen und Vorurteile, in diesem Fall also die der 1950er Jahre, in die Haltungen und Interventionen der Therapeutin mit einfließen können.

1.2 Ziele der Elternarbeit

In allgemeinster Formulierung kann für die therapeutische Arbeit mit dem Kind wie mit den Eltern die gleiche Zieldefinition gelten: zu ermöglichen, dass die unterbrochenen oder blockierten Entwicklungsmöglichkeiten wieder freigelegt und weiterverfolgt werden können, beim Kind wie bei seinen Eltern. Für die therapievorbereitenden und -begleitenden Gespräche ergeben sich daraus unter anderem die folgenden Aufgaben:

1. Die Grundlagen der Zusammenarbeit mit dem Kind und den Eltern schaffen und aufrechterhalten
   - Die Eltern werden motiviert, in die Behandlung einzuwilligen;
   - die Eltern werden davon abgehalten, die Behandlung abzubrechen, wenn die Spannung zunimmt, weil das Kind sich zu verändern beginnt;
   - die Eltern verstehen, dass nicht die möglichst schnelle Beseitigung von Symptomen der Weg der Veränderung ist, sondern die Erforschung der diesen zugrunde liegenden Schwierigkeiten;
   - die Therapeutin lernt die Familiendynamik, in der das Kind aufwächst, am eigenen Leib kennen und erhält Einblick in die familiären Konflikte und individuellen Pathologien der Eltern;
   - Befürchtungen, dass die Therapeutin die Eltern verdrängen und deren Platz einnehmen könnte, werden entkräftet;
   - die Motivation für die Inanspruchnahme weiterer für den Erfolg der Behandlung nötiger unterstützender Angebote kann geschaffen werden.

2. Veränderungsprozesse initiieren
   - Die »Eltern in die ihnen fremde Gefühlswelt des Kindes einführen« (A. Freud, 1965, S. 2178);
   - Verständnis für Inhalte, Wünsche und Triebregungen beim Kind wie bei den Eltern wecken, die nicht zugelassen werden dürfen;
   - Förderung der elterlichen Kompetenzen, insbesondere
   - Förderung der Triangulierungs-, Symbolisierungs- und Mentalisierungsfähigkeit der Eltern;
   - Bearbeitung von Traumatisierungen der Eltern durch Schwangerschaft, Geburt und Elternschaft;
   - Bearbeitung der neurotischen Verstrickungen der Eltern mit dem Kind;
   - Aufdeckung der unbewussten Rollenzuschreibungen und Übertragungen der Eltern auf das Kind mit dem Ziel, dass sie das Kind aus der Fixierung in einer Rolle entlassen können;
   - Vermittlung von erzieherischem Wissen.

Für Novick und Novick (2005; dt. 2009, S. 78 f.) geht es darum, die Eltern zu befähigen, Elternschaft zu entwickeln, Schuldgefühle und Angst in »konstruktive Sorge und Anteilnahme umzuwandeln«. Ein entscheidendes Ziel besteht sicherlich immer darin, einen Raum zu schaffen, in dem das Kind als eigenständige Person wahrgenommen und ihm die Freiheit zugestanden werden kann, sich gemäß seinen eigenen inneren Bedürfnissen auch im Austausch mit anderen Objekten als den Eltern zu entwickeln, wie in der Einzeltherapie mit der Therapeutin. Dies kommt aber gerade nicht dadurch zustande, dass man die Eltern von der Therapie fernhält, sondern indem man ihnen einen klar definierten Ort *im* Setting zuweist und sie dergestalt beteiligt und integriert. Eltern sollen nicht einfach ihr Kind der Therapeutin übergeben und sich entziehen, sondern darin gefördert und gefordert werden, dass sie ihre Rolle als Eltern angemessen ausfüllen und Verantwortung übernehmen.

2 Die Beziehung zwischen Eltern und Kind

Die folgenden Hinweise zur Entwicklung der Eltern-Kind-Beziehung können in der diagnostischen Einschätzung der Beziehung hilfreich sein. Die gesamte Entwicklung einer Familie, von der Schwangerschaft mit dem ersten Kind bis zu dem Moment, an dem das jüngste die Familie verlassen hat, kann als ein regelhaftes zyklisches Geschehen mit bestimmten Phasen beschrieben werden. Das Modell der familiären Lebenszyklen (Frevert, Cierpka u. Joraschky, 1996) beschreibt beispielsweise die Abfolge von nach innen gerichteten, zentripetalen, und nach außen gerichteten, zentrifugalen Bewegungen in der Familie mit je spezifischen Entwicklungsaufgaben und Konflikten. Auf Phasen, in denen die Familienmitglieder eng aufeinander bezogen sind – wie Geburt, Übergang zur Elternschaft oder Großelternschaft –, folgen Phasen, in denen sie sich auseinander bewegen und die Ablösung und Individuation des Einzelnen im Vordergrund stehen.

Jede Phase stellt die Eltern, Großeltern, das Kind und seine Geschwister vor neue Entwicklungsaufgaben, die man bewältigen oder an denen man scheitern kann, und die Übergänge zwischen den einzelnen Phasen können die Familie oder einzelne Mitglieder in jeweils typische Schwierigkeiten führen, die wir deshalb auch als normative Krisen bezeichnen. Beispiele sind die Phase des Nestbaus vor und nach der Geburt, der Eintritt des ersten Kindes in Kindergarten und Schule, die Adoleszenz, der Auszug der Kinder oder die Pensionierung der Eltern. Oft entlastet es Eltern und mildert die Gefühle des eigenen Versagens, wenn man diese Entwicklungsaufgaben als für viele Familien schwierige Herausforderungen beschreibt und einordnet.

Die Entwicklungsperspektive gilt nicht nur für das Kind, das neue Herausforderungen meistern und Fähigkeiten entwickeln muss, sondern immer auch analog für seine Eltern. Entscheidend dafür, dass das Kind seine Entwicklungsaufgaben meistern kann, ist, ob dies auch den Eltern mit ihren Entwicklungsaufgaben gelingt. Daraus ergibt sich, dass jede Unterstützung der Eltern zur Lösung ihrer Entwicklungsaufgaben zugleich einen Beitrag zur Lösung der Entwicklungsaufgaben ihrer Kinder darstellt. Für die Adoleszenz kann diese Gegenüberstellung der Entwicklungsaufgaben des Kindes und der der Eltern wie folgt aussehen (Tabelle 1; aus Grieser, 2008):

Tabelle 1: Entwicklungsaufgaben Adoleszenter und ihrer Eltern

Entwicklungsaufgaben der Adoleszenten	Entwicklungsaufgaben ihrer Eltern
1. Mit dem neuen, auch sexuell aufgeladenen Körper zurechtkommen	1. Mit dem älter werdenden, sexuell weniger aufgeladenen Körper zurechtkommen
2. Ablösung von den Eltern	2. Ablösung von den Kindern
3. Altersgemäße Beziehungen zu den Peers inklusive sexueller Beziehungen	3. Altersgemäße Beziehungen zu den Peers inklusive sexueller Beziehungen
4. Selbstvertrauen und neues Wertesystem	4. Selbstvertrauen und Wertesystem
5. Soziale und berufliche Identität	5. Soziale und berufliche Identität

Eine grundsätzlich natürlich für die Eltern als Eltern sehr zentrale Entwicklungsaufgabe ist die Entwicklung ihrer Generativität, ihrer elterlichen Funktionen und der Austauschprozesse in der Eltern-Dyade. Letzteres, damit sie als Elternteam förderlich zusammenarbeiten und sich unterstützen können, statt sich durch individualistische, neurotische oder regressive Bedürfnisse und Verhaltensweisen und interne Konflikte zu blockieren. Dabei spielen auch nichtpsychologische Faktoren eine wichtige Rolle wie die Frage, ob die Eltern eine befriedigende Aufteilung von Erwerbsarbeit und Familienarbeit finden können oder wie viel Ressourcen der Familie materiell und personell und im Umfeld zur Verfügung stehen. Dies wiederum hat auch Einfluss darauf, wie gut die Eltern ihre eheliche Paarbeziehung leben und weiterentwickeln können, was wiederum die Kinder davor schützt, als Ersatzobjekte für einen unbefriedigenden Partner vereinnahmt zu werden.

2.1 Funktionen der Eltern für das Kind

Werfen wir einen Blick darauf, welche Funktionen die Eltern für ihr Kind aus entwicklungspsychologischer Sicht erfüllen. Brazelton und Greenspan (2000, dt. 2002) führen folgende essenzielle Grundbedürfnisse von Kindern an:
- das Bedürfnis nach beständigen liebevollen Beziehungen;
- nach Schutz und körperlicher Unversehrtheit;
- danach, als Individuum mit besonderen Bedürfnissen wahrgenommen zu werden;
- nach altersgemäßen Entwicklungsmöglichkeiten;
- nach Grenzen, Strukturen und Erwartungen;
- nach einer stabilen und stützenden Umgebung sowie nach kultureller Kontinuität.

In Anlehnung an Anna Freud (1965) können wir aus psychoanalytischer Sicht folgende Erfahrungsdimensionen des Kindes mit seinen Eltern formulieren, die je nach Entwicklungsalter des Kindes unterschiedlich bedeutsam sind:
- Schutz, Versorgung, Stimulation;
- Verschmelzen mit einer mütterlichen Figur;
- Hilfe zur Orientierung in der Außenwelt und zur Herstellung von Befriedigungssituationen;
- narzisstische und triebhafte Objektbeziehungserfahrungen;
- Hilfe zur Orientierung in der Innenwelt und zu ihrer Beherrschung;
- die Eltern als Vorbilder in der Außenwelt (Über-Ich-Bildung).

Zweifellos ist eine Grundkompetenz der Eltern darin zu sehen, dass sie in der Lage sind, eine Bindung herzustellen, eine empathische Beziehung zu ihrem Kind aufzubauen und aufrechtzuerhalten, dass sie sich in das Kind einfühlen und wahrnehmen können, was das Kind bewegt, und dass sie akzeptieren können, dass es ein von ihnen selbst unabhängiges Subjekt ist oder wird. Aus der Sicht der Mentalisierungstheorie geht es darum, dass die Eltern durch ihre Wahrnehmung und Unterstützung der mentalen Vorgänge im Kind diesem dabei helfen können, zunehmend selbst die Zuständigkeit für die Regulation seiner somatischen, affektiven und mentalen Zustände und damit seines Selbst zu übernehmen.

In der Selbstpsychologie spricht man von der Passung zwischen Eltern und Kind, die mehr oder weniger gut gelingen kann, abhängig davon, wie gut die Eltern die Signale des Kindes lesen und angemessen beantworten können, was wiederum auch davon abhängt, wie gut sich das Kind mitteilen und auf die Eltern reagieren kann. Eltern und Kind sind sich gegenseitig Selbstobjekte (Ornstein u. Ornstein, 1985, dt. 1994), in einem Dialog, der immer wieder aufs Neue gelingen oder entgleisen kann; dies nicht nur im Säuglingsalter, sondern in jedem Lebensalter. Der Dialog misslingt insbesondere dann, wenn einer der Beteiligten nicht empathisch und schwingungsfähig ist. Dies kann ein depressiver Elternteil sein, der im Extrem als psychisch »tote Mutter« (Green, 1993) oder toter Vater erlebt werden kann, oder auch ein autistisches Kind.

Deshalb gilt die »fehlende Empathie bei den Eltern als Hauptfaktor für eine pathogene Entwicklung« (Ornstein u. Ornstein, 1985; dt. 1994, S. 372). »Viele Eltern-Kind-Beziehungen, die wir in der therapeutischen Praxis sehen, sind bereits auf dieser Stufe des präverbalen Affektaustauschs entgleist, wenn die Empathie der Eltern aus jeweils eigenen Gründen unzureichend war« (Alheim, 2007, S. 254). In der Folge sind dann auch die Fähigkeiten der Eltern, ihr Kind emotional zu halten, eine sichere Bindung herzustellen und es in der Entwicklung seines Selbst zu unterstützen, beeinträchtigt.

2.2 Funktionen des Kindes für die Eltern

Betrachten wir die andere Seite, die Funktionen, die das Kind für seine Eltern hat. Das Kind kann schon lange vor seiner Geburt, ja vor seiner Zeugung eine wichtige Rolle in der inneren Welt seiner Eltern gespielt haben. Schon vor seiner Zeugung haben die späteren Eltern bewusste und unbewusste Phantasien über ein Kind und über ihre Beziehung zu diesem Kind; schon als kleine Jungen und Mädchen stellten sie sich vor, dass sie Kinder haben könnten, und spielten, dass sie Eltern wären. Bekommen sie dann als Erwachsene wirklich ein Kind, wird der ganze phantasmatische Bedeutungskomplex aktiviert, der mit den Vorstellungen »Kind«, »Baby«, »Mutter«, »Vater« verknüpft ist. Weil diese bis in die Kindheit zurückreichenden Phantasien um ein Kind in erster Linie Ausgestaltungen von Vorstellungen über das eigene Selbst darstellen, ist das Kind, das dann zur Welt kommt, zunächst auch ein eminent wichtiges narzisstisches Projekt für seine Eltern.

Freud (1914, S. 158) bringt den narzisstischen Kern der elterlichen Vorstellungen über ein Kind auf den Punkt: »Die rührende, im Grunde so kindliche Elternliebe ist nichts anderes als der wiedergeborene Narzißmus der Eltern, der in seiner Umwandlung zur Objektliebe sein einstiges Wesen unverkennbar offenbart.« Aus dieser narzisstischen Vorgeschichte heraus neigen die Eltern dazu, das Kind als Erweiterung ihrer eigenen Persönlichkeit wahrzunehmen und auch als Möglichkeit, ihre eigene Sterblichkeit zu verleugnen und zu überwinden: Das Kind ist ihr Überlebensprojekt. Es wird wie ein Satellit des eigenen mütterlichen oder väterlichen Selbst erlebt und soll »die unausgeführten Wunschträume der Eltern erfüllen«, wie Freud schreibt. Es ist Hoffnungsträger für vieles, auch Ersatz für verlorene Objekte und kann sich gegen die Projektionen seiner Eltern nicht wehren.

Wie die positiven Erwartungen der Eltern an ihr Kind können analog negative Übertragungen, Projektionen und Befürchtungen das Verhältnis zum vorgestellten und dann zum realen Kind präformieren. Die Eltern können auch neidisch auf ihr Kind werden und Hass ihm gegenüber empfinden, wenn sie sich vorstellen, dass dieses nun all das bekommen soll, was sie selbst nicht bekamen und vielleicht nie bekommen werden; dies mobilisiert Wünsche der Eltern, selbst umsorgt zu werden, weckt eigene geschwisterliche Rivalitätskonflikte, und sogar die Perspektive, dass das Kind seine Eltern überleben wird, kann tiefe Neidgefühle wecken (Windaus, 1999).

Genauso gut wie Glücksgefühle kann das Kind bei seinen Eltern auch ein Gefühl des Unheimlichen auslösen (Soulé, 1990), weil das Kind auch mit angstmachenden Vorstellungen der Gefährdetheit besetzt ist. Die Angst um das Überleben des kleinen und hilflosen Menschen bringt die Eltern plötzlich mit Ängsten aller Art, insbesondere auch mit ihren abgewehrten Todesängsten, in Kontakt. Und das Kind bringt auch jene Gespenster mit ins Kinderzimmer, die die Eltern längst überwunden meinten und die sich in der Elternberatung als ungeladene Gäste aus der nicht erinnerten Vergangenheit der Eltern entpuppen (Fraiberg, Adelson u. Shapiro, 1975).

Kinder verändern die Familie. Das erste Kind erschafft die Familie, macht seine Eltern zu Eltern und erweitert deren Beziehung von der Dyade zur Triade. Ein erstes Kind seiner Generation macht darüber hinaus die Eltern seiner Eltern zu Großeltern. Nur dank seiner Existenz ist seine Mutter auch eine Mutter, wie Soulé (1990) bemerkt, und sein Vater ein Vater. Ein zweites Kind macht das erste vom Einzel- zum Geschwisterkind. Die Kinder sind wie Pflüge, die die Felder der abgelegten Erinnerungen wieder aufreißen und die eigenen Kindheits- und Jugenderfahrungen ihrer Eltern reaktivieren, immer genau das Lebensalter oder die Thematik betreffend, mit der sich das Kind gerade selbst auseinanderzusetzen hat.

Die Eltern haben den Wunsch, gute, fähige Eltern zu sein, was im Gelingen oder Misslingen des Projekts Kind für alle sichtbar und auch ihnen selbst gespiegelt wird, bis ins Erwachsenenalter ihrer Kinder: »Kinder, die ihre verschiedenen Entwicklungsaufgaben erfolgreich gemeistert haben, bestärken die Eltern als Eltern und tragen zur Förderung ihres erwachsenen Selbst bei. Ebenso lösen Kinder, die aus welchen Gründen auch immer im Laufe ihres Lebens Probleme haben, in den Eltern Scham und Schuldgefühle aus, die zu einer Minderung ihres Selbstwertgefühles führen« (Ornstein u. Ornstein, 1985; dt. 1994, S. 360).

3 Diagnostik der Eltern-Kind-Beziehung

Im Zentrum der Elternarbeit stehen nicht nur die Eltern oder das Kind, sondern vor allem auch die Beziehung zwischen den Eltern und dem Kind. Dies setzt bei der Therapeutin ein breites Spektrum an theoretischem Wissen und methodischen Konzepten voraus. Sie muss nicht nur die Symptomatik des Kindes diagnostizieren und vor dem Hintergrund seiner altersspezifischen Entwicklungssituation interpretieren, sondern auch die Persönlichkeiten der Eltern und deren Störungen diagnostisch erfassen, um dann schließlich »die Verschränkung der kindlichen Störung mit den Auffälligkeiten der Eltern bzw. des Familiensystems psychodynamisch zu interpretieren« (Horn, 2003, S. 771) und daraus die entsprechenden Behandlungsziele, -methoden und das geeignete Setting abzuleiten.

3.1 Das Standardsetting

Angesichts dieser Vielzahl an Aufgaben lohnt es sich, immer von einem einfachen Standardsetting auszugehen, das diese komplexe Situation übersichtlich strukturiert. Für den Umgang mit den Eltern heißt dies, immer beide Eltern gemeinsam zu sehen, wenn dem nicht unüberwindbare Schwierigkeiten im Wege stehen wie langfristige geografische Abwesenheit eines Elternteils, hochstrittige getrennte Eltern, Gewalt oder Drohungen eines Elternteils gegenüber dem anderen oder dem Kind. Alle anderen Gründe, weshalb ein Elternteil an einem Gespräch nicht teilnehmen kann oder möchte, sind sehr genau daraufhin zu prüfen, inwiefern hier eine pathogene familiäre Dynamik inszeniert und wiederholt und schon ein Widerstand gegen Veränderungen durch die Behandlung aufgebaut wird. Besser verschiebt man das Gespräch mit den Eltern auf einen neuen Termin, als dass man es nur mit dem einen Elternteil durchführt, der vordergründig kooperativ erscheint.

Meist melden Mütter ihre Kinder an und erklären, dass die Väter nicht verfügbar oder nicht interessiert seien. Dann lohnt es sich, dies genau zu klären und anzubieten, den Vater selbst einzuladen und dabei, wenn möglich, auf angeblich besonders unvorteilhafte Arbeitszeiten Rücksicht zu nehmen. Damit kann schon beim ersten Telefonat eine gewisse Spannung entstehen, wenn man mit dieser Settingvorgabe eine triangulierte Struktur vertritt, die der gelebten Beziehungsrealität in der Familie widerspricht. Dies führt sogleich zu ersten diagnostischen Informationen darüber, wie das Beziehungsdreieck Mutter-Vater-Kind ausgestaltet ist. Beharrt man auf der Mitwirkung des Vaters von Anfang an, stellt sich oft heraus, dass sich die angeblich nicht verfügbaren oder nur schwer zu motivierenden Väter ernst genommen und aufgewertet fühlen, wenn man ihre Wichtigkeit für das Kind und die gemeinsame Arbeit betont. Die Wahl des Settings schreibt jedem Beteiligten oder Ausgeschlossenen eine Rolle und Wichtigkeit zu und konstruiert dadurch eine bestimmte Beziehungsrealität. Deshalb kann die Einführung des Settingelements »Elterngespräche finden immer mit beiden Eltern statt« bereits eine therapeutische Intervention darstellen.

Bei Patchworkfamilien mit neuen Partnern stellt sich die Frage, wer hier die relevanten Elternteile sind. Dies sind sicher die biologischen Eltern, aber auch die aktuellen Partner als soziale Eltern. Von Fall zu Fall mag deren Gewicht unterschiedlich sein, doch gehört zur aktuellen Lebenswelt des Kindes immer auch der neue Partner des Elternteils, in dessen Familie das Kind lebt. Lebt es in zwei Familien, so ergibt sich ein größerer Kreis von relevanten Bezugspersonen, die in angemessenem Ausmaß zu berücksichtigen sind. Lebt ein Kind im Heim, kommen die dortigen Bezugspersonen zu »Elterngesprächen«. Manchmal spielen auch Großeltern eine wichtige Rolle; manchmal ist es sinnvoll, diese einzubeziehen, meist jedoch nötiger, die Eltern darin zu unterstützen, sich gegenüber den Einmischungen der Großeltern abzugrenzen. Auch im Verhältnis von Pflegeeltern und biologischen oder anderen sozialen Eltern besteht oft ein Rivalitätsverhältnis, das angemessen in der Wahl des Settings abgebildet und dann bearbeitet werden sollte. Wenn ein Elternteil absolut nicht bereit ist mitzuarbeiten oder vom anderen Elternteil auf gar keinen Fall akzeptiert werden kann, gilt es abzuwägen; oft ist es sinnvoll, mit dem einen Elternteil zu arbeiten, allerdings ist zu beachten, dass das Kind in einen Loyalitätskonflikt geraten wird und die Behandlung scheitern kann, wenn sich der andere Elternteil explizit gegen die Behandlung stellt. Auf die spezielle Situation bei getrennten Eltern und in der Adoleszenz wird im nächsten Kapitel eingegangen.

Wie schon erwähnt, sollte man davon ausgehen, dass die Gespräche mit der Therapeutin insbesondere zu Beginn bei den Eltern viele Befürchtungen auslösen können. Die Tatsache, nicht allein mit den Schwierigkeiten zurechtzukommen, stellt eine Kränkung und potenzielle Bloßstellung dar, löst Scham- und Schuldgefühle aus. Die Therapeutin wird als Zeugin des Scheiterns der Eltern und als potenzielle Aggressorin wahrgenommen, sie scheint die kompetentere Person zu sein, und ihr soll man sein Kind überlassen. Dies kann alle möglichen Gefühle provozieren wie Rivalität, Zurücksetzung, Verlust und Neid. Dazu kommt, dass Veränderung grundsätzlich Angst macht, weil man etwas aufgeben und verlieren wird und noch nicht weiß, was man dafür gewinnt. Doch die Eltern ahnen schon, dass sich die unbewussten Arrangements, in denen sie miteinander und mit ihrem Kind leben, ändern werden und damit auch die ihnen zur Verfügung stehenden Möglichkeiten der interpersonalen Abwehr ihrer psychischen Konflikte mithilfe des Kindes.

Es lohnt sich also, daran zu denken, »daß jede einzelne Frage, die wir stellen, für den Gesprächspartner einen bestimmten *Gefühlswert* hat«, wie Dührssen (1960/1989, S. 174) schreibt, denn der »Erfolg der späteren therapeutischen Bemühungen hängt oft genug von diesem ersten Gespräch ab. Eine glückliche Hand im Beginn der Kontaktaufnahme kann Monate erfolgloser Anstrengung ersparen«.

3.2 Diagnose der Eltern

In der Folge werden nun einige weitere Gesichtspunkte aufgeführt, die für die diagnostische Einschätzung der Eltern im Hinblick auf ihre elterlichen Funktionen von Bedeutung sind:

Die Eltern können als Team ihre Funktion gegenüber dem Kind gut wahrnehmen, wenn sie sich selbst in der elterlichen Beziehung gehalten und voneinander unterstützt fühlen. Alheim (2007, S. 257) beschreibt die »elterliche Allianz« als sicheren Raum: »Was nicht in diesem Raum gegenseitigen Verstehens, Anerkennens und Tröstens zu halten ist, kann in die Beziehung zum Kind ›überfließen‹ und diese mit elterlichen Problemen überfrachten, wie es etwa bei den Kindern schwer traumatisierter Eltern geschieht.«

Einseitige Rollenverteilungen im Elternpaar können Ausdruck von neurotischen Kollusionen sein, von Verschiebungen von Selbstanteilen unter den Partnern: Der eine ist ganz ängstlich, der andere furchtlos; der eine ganz unbeschwert, der andere lebt die Depression für beide aus; der eine befindet sich in der Position eines Kindes, der andere in der seines Elternteils usw. Ebenso verzerrend können gegenseitige narzisstische Idealisierungen oder sadomasochistische Entwertungen sein.

Der Stand der Entwicklung der Paarbeziehung und die Zufriedenheit in der Paarbeziehung geben Aufschluss darüber, ob die Eltern ihre libidinösen und narzisstischen Wünsche beim erwachsenen Partner unterbringen können, was das Kind davor schützt, narzisstisch missbraucht zu werden und in die Position eines Partnerersatzes zu geraten. Häufig haben Paare nach Schwangerschaft, Geburt und Stillzeit mit den damit verbundenen Veränderungen und – auch aufseiten der Väter – regressiven Prozessen Schwierigkeiten, wieder eine befriedigende Intimität und Sexualität zu entwickeln, weshalb auch das Kind als Störfaktor für die Partnerschaft erlebt werden kann. Manchmal wirkt es entlastend, wenn man darauf hinweist, dass sich statistisch gesehen die Zufriedenheit in der Paarbeziehung (erst) dann wieder deutlich verbessert, wenn das erste Kind das Haus verlassen hat (vgl. Fend, 1990).

Zum Übergang in die Elternschaft gehört die Aufgabe, die Paar-Dyade zur Eltern-Kind-Triade zu erweitern, was die Frage nach der triadischen Kompetenz der Eltern aufwirft. Diese kann schon vor der Geburt des Kindes prognostisch eingeschätzt werden anhand der »Fähigkeit von Vätern und Müttern, ihre (zukünftigen) familialen Beziehungen zu antizipieren und zu konzeptualisieren – d. h. das Kind als Drittes bereits auf der Ebene der Vorstellung in die eigene Beziehungswelt zu integrieren –, ohne sich selbst oder den Partner aus der Beziehung zum Kind auszuschließen« (Klitzing u. Stadelmann, 2011, S. 955).

Die triadischen Kompetenzen der Eltern stellen in vielerlei Erscheinungsformen (vgl. Grieser, 2011) wichtige Rahmenbedingungen für die Entwicklung des Kindes und damit auch für die Elternarbeit dar. Schon die Tatsache an sich, das Kind einer Drittperson anzuvertrauen und ihm mit dieser Drittperson eine Entwicklung zu erlauben, setzt triadische Kompetenzen bei den Eltern wie beim Kind voraus. Klitzing und Stadelmann (2011, S. 956) erfassen diese anhand der folgenden fünf Dimensionen:
- Qualität der elterlichen Objektbeziehungen;
- Flexibilität der elterlichen Vorstellungen vom Kind;
- das trianguläre Niveau dieser Vorstellungen;
- Qualität des elterlichen Dialogs;
- Kohärenz der elterlichen Erzählungen über die eigene Herkunftsgeschichte, insbesondere die Erfahrungen mit den eigenen Eltern als elterliches Paar.

Daneben gilt das diagnostische Interesse auch den individuellen Kompetenzen und Einschränkungen der Eltern, wie beispielsweise, andere Personen wahrzunehmen, sie »zu lesen«, Bedürfnisse zu mentalisieren, zu spiegeln und zu beantworten, oder dem Umgang mit Konflikten, mit Autonomie- und Abhängigkeitsbedürfnissen, wie gut sie Grenzen setzen, Versagungen aushalten und vertreten oder sich schützen können. Diese Dinge erfährt die Therapeutin aus den Berichten der Eltern in den Abklärungs- und Beratungsgesprächen, aus der Beobachtung ihrer Interaktionen und vor allem auch aus dem Umgang der Eltern mit der therapeutischen Situation und der Therapeutin selbst. Offenkundige schwere psychiatrische Störungen sind manchmal einfacher zu erkennen, zu benennen und zu handhaben als weniger auffällige und besser kompensierte Pathologien. Ist die offene Psychose oder Angststörung unübersehbar, so sind die verdeckten Pathologien nicht nur für die Therapeutin, sondern auch für das Kind in seiner Entwicklung schwieriger zu erkennen und zu bewältigen, weil es sich gegen diese weniger abgrenzen kann und entsprechend mehr intrapsychische Kompromissbildungen eingehen muss (Ornstein u. Ornstein, 1985, dt. 1994). Elternpersonen mit niedrigem Strukturniveau haben »oft Schwierigkeiten, die inneren Bilder ihrer selbst und ihres Kindes klar genug voneinander abzugrenzen. Sie können emotionale Regungen und Zustände bei sich selbst vielfach nicht sicher wahrnehmen, differenzieren, in den Beziehungskontext einordnen und in Worte fassen, weil der psychische Binnenraum nur unzureichend ausgebildet werden konnte. An der Stelle von Wahrnehmung, Verarbeitung und Mitteilung steht oft das direkte Ausagieren« (Alheim, 2007, S. 264).

In der Erhebung der Familienanamnese wird deutlich, wie differenziert die Eltern ihre eigene Geschichte und ihre Beziehungen mentalisieren und zu sinnvollen Narrativen verarbeiten können, wozu beispielsweise ein Wissen darüber gehört, inwiefern der eigene erzieherische Stil auf die in der eigenen Kindheit erfahrene Erziehung zurückgeht oder in Abgrenzung dazu entwickelt wird. Auch transgenerational bedeutsame Themen, Konflikte oder Traumata sind von Bedeutung, natürlich auch familiäre Mythen und Tabus.

3.3 Dysfunktionale Eltern-Kind-Beziehungen

Die Beziehungen zwischen dem Kind und seinen Eltern entwickeln sich aus den Interaktionen zwischen dem Kind mit seinen Persönlichkeitsvariablen und den Eltern mit ihren Persönlichkeiten. Auch zu den neurotischen Entwicklungen trägt das Kind seinen Teil bei, sei es durch bestimmte konstitutionelle Faktoren oder Krankheiten, und auch dadurch, dass es in einer Art *Trial-and-Error*-Verfahren herausfindet, mit welchen Verhaltensweisen es welche Reaktionen in der Umwelt hervorrufen kann. Hier eine Auswahl von sich so entwickelnden verzerrten und potenziell pathogenen Beziehungsmustern:

3.3.1 Fixierung des Kindes in einer Rolle für seine Eltern

Die Eltern können das Kind an die Stelle einer früher für sie bedeutsamen Person setzen, eines eigenen Eltern- oder Großelternteils, eines lebenden oder verstorbenen Geschwisters, eines realen oder imaginären guten oder bösen Objekts. Eltern können ihr Kind dann ebenso behandeln, lieben oder hassen wie dieses frühere Objekt. Anna Freud hatte in den parallelen Behandlungen von Kindern und ihren Müttern schon folgende Muster entdeckt (A. Freud, 1965, S. 2168):

– Für viele Eltern stellt ihr Kind eine Idealfigur oder ein Objekt aus ihrer eigenen Vergangenheit dar; das Kind entwickelt sich im Sinne dieser Phantasien, um sich die Zuneigung der Eltern zu erhalten.
– Viele neurotische und psychotische Eltern beziehen ihr Kind in ihr pathologisches System ein und vernachlässigen dessen eigene Entwicklungsbedürfnisse.
– Manche Mütter teilen ein Symptom mit dem Kind und agieren gemeinsam mit ihm in Form einer Folie à deux.
– Der pathogene Einfluss auf das Kind ist umso stärker, je mehr er sich in realen Handlungen der Eltern, nicht nur in Phantasien äußert.

Besonders schwer kontrollierbar wird eine negative Übertragung eines Elternteils auf das Kind, wenn der Elternteil traumatische Vorerfahrungen am Kind wiedererlebt, weil das dann als Disstress erlebte Verhalten des Kindes die traumatischen Erfahrungen der Elternperson triggert (Schechter, Kaminer, Grienenberger u. Amat, 2003). Dann wird das Kind als aktueller Auslöser des Disstresses mit der traumatischen Reaktion des Elternteils verknüpft, fortan selbst als traumatisches Objekt erlebt und zum Sündenbock gemacht.

Dass die Idealisierung eines Kindes auch schnell in die Rolle des Sündenbocks kippen kann, hat Richter dargestellt. In seinem aus der therapiebegleitenden Elternarbeit entstandenen Konzept über die Rollen des Kindes für die Eltern beschreibt Richter (1963/1969) drei Konstellationen:
- das Kind als Substitut für einen Partner: Elternfigur, Gattensubstitut, Geschwistersubstitut;
- das Kind als Substitut für einen Aspekt des elterlichen Selbst: als Abbild schlechthin, als ideales Selbst oder als eine negative Identität;
- das Kind als umstrittener Bundesgenosse.

Auch Stierlin (1975) stellt in seinem Modell der Ablösungsdynamik in der Adoleszenz dar, welchen elterlichen Delegationen die Kinder ausgesetzt sein können und wie sie zwischen elterlichen Bindungs- und Ausstoßungstendenzen hin- und hergerissen und in Loyalitätskonflikte und Ablösungsschuld verwickelt werden können. Damit eine Therapie Erfolg haben kann und die Eltern das Kind aus seiner Rolle entlassen können, gilt es, diese Verknüpfungen aufzudecken und zu bearbeiten; das ist, »v. a. wenn es sich um kleinere Kinder handelt, eine ›conditio sine qua non‹ der analytischen Arbeit mit Kindern und Jugendlichen« (Diez Grieser, 1996, S. 243).

3.3.2 Unvollständige und verzerrte Triaden

Wie gut es den Eltern mit ihrem Kind gelingt, Beziehungen zu dritt statt nur wechselnde dyadische Interaktionen zu gestalten, lässt sich aus dem, was die Eltern und wie die Eltern erzählen, und aus ihrer Interaktion mit der Therapeutin ablesen, kann aber auch in einer Familiensitzung oder, mit jüngeren Kindern, in strukturierter Form, wie dem Lausanner Trilog-Spiel (Fivaz-Depeursinge u. Corboz-Warnery, 1999, dt. 2001), direkt beobachtet und dann auch den Eltern gespiegelt werden. Hier vier Typen unvollständiger oder verzerrter Triaden (ausführlich in Grieser, 2015):
1. *Eine Eltern-Kind-Dyade ist gegen den Dritten abgeschlossen.* Hier ist die enge Mutter-Kind-Dyade gegen den Vater oder die Vater-

Kind-Dyade gegen die Mutter abgeschlossen, der andere Elternteil hat eine schwache Position. Väterliche, aber auch andere Dritte werden von der Mutter-Dyade ferngehalten oder verzichten darauf, einen Einfluss auf die Mutter-Kind-Dyade zu nehmen. Oder Väter erscheinen mächtig und binden ihre Kinder narzisstisch an sich, während die Mutter blass bleibt. Theoretisch und therapeutisch wird häufig zu sehr auf den Elternteil fokussiert, der das Kind an sich zu binden scheint, und zu wenig auf den anderen, der oft zu wenig dafür tut, als Dritter zum Zug zu kommen und die Dyade der beiden anderen zu öffnen.

2. *Die Verbindung zwischen zwei Polen im Dreieck ist unterbrochen.* Dies ist etwa der Fall, wenn die Eltern nicht miteinander kommunizieren und das Kind die Verbindung zwischen den äußerlich oder innerlich getrennten Eltern darstellt. Das Kind befindet sich im Loyalitätskonflikt zwischen den beiden. Oder das Kind hat zu einem Elternteil nur über den anderen Zugang, wie in der klassisch patriarchalischen Familie, wenn der Vater mit der Mutter spricht und diese gegenüber den Kindern die Botschaften des Vaters vertritt; der Vater selbst ist für das Kind kaum erreichbar. Auch Stiefelternkonstellationen funktionieren oft nach diesem Muster: Der neue Elternteil soll oder will sich nicht in die Erziehung einmischen, was oft auch explizit so vereinbart wird und intuitiv auch vom Kind aus Loyalität mit dem anderen Elternteil so gelebt wird.

3. *Das Kind ist in der Position des ausgeschlossenen Dritten.* Die Eltern sind in ihren narzisstisch-dyadischen Wünschen oder Konflikten ganz aufeinander ausgerichtet, das Kind wird emotional nicht besetzt, vergessen oder wird zum gemeinsamen Sündenbock und zur Erklärung der Probleme der Eltern gemacht. Unerwünschte Kinder oder solche, die durch Vernachlässigung und Verwahrlosung zu Schaden kommen, befinden sich oft in dieser Position.

4. *Die Triade ist gegen die Außenwelt abgeschlossen.* Die Familie orientiert sich ganz nach innen und grenzt sich gegen die Normen, Gesetze und Werte der Außenwelt ab. In der Familie herrscht eine

inzestuöse und in Bezug auf die Realität außerhalb »verrückte« Realität, was der Ablösung des Kindes in die Außenwelt im Wege steht. Oft müssen hier staatliche Instanzen darauf hinwirken, dass das Wohl des Kindes und die Triangulierung des Kindes mit der Außenwelt gewährleistet werden.

3.4 Die Enttäuschung der Eltern über ihr Kind

Damit sich die Eltern akzeptiert und verstanden fühlen, wird die Therapeutin alles, was die Eltern bisher schon an Bemühungen und Anstrengungen zur Lösung der Probleme unternommen haben, würdigen, auch wenn dies schlussendlich nicht zum Ziel geführt hat. Weil Eltern immer alles versucht haben, wozu sie im Rahmen ihrer Möglichkeiten in der Lage sind, sind sie enttäuscht, von sich, weil sie gescheitert sind, und oft auch von ihrem Kind, weil sie mit ihm oder auch wegen ihm gescheitert sind. Die Enttäuschung über das Kind bezieht sich dann darauf, dass dieses nicht so ist, wie man es sich vorgestellt hat, oder schlimmer: darauf, dass das Kind selbst zum Trauma geworden ist.

3.4.1 Das imaginäre Kind

Das imaginäre Kind ist das innere Bild der Eltern von ihrem zukünftigen Kind. Der Ursprung dieses phantasierten Kindes reicht bis in die Kindheit der Eltern zurück und enthält narzisstische Phantasien über das gewünschte Kind und über sich selbst als ideale Mutter oder Vater. Das imaginäre Kind ist das »ideale Kind, auf ideale Weise von einer idealen Mutter aufgezogen« (Soulé, 1990, S. 23), was ebenso für den Vater gilt. Doch ist es nicht zu vermeiden, dass sich das reale Kind ebenso vom imaginären idealen Kind unterscheidet, wie sich die Eltern in ihrem realen Elternsein nur teilweise in Übereinstimmung mit ihren, mit dem Bild des imaginären Kindes verknüpften, idealen Vorstellungen von sich als Eltern erleben. Schon in den ersten depressiven Reaktionen der Mutter nach der Geburt kann diese nicht zu bewältigende Enttäuschung über das reale Kind und über sich als reale Mutter eine Rolle spielen.

Nun kann das imaginäre Kind nicht einfach verschwinden und dem realen Kind seinen Platz überlassen. Das imaginäre Kind kann deswegen nicht einfach aufgegeben werden, weil es die Mutter oder den Vater schon seit Kindheit begleitet und mit dem eigenen Selbst verwachsen ist, vielleicht auch Anteile des eigenen inneren Kindes trägt. Deshalb kann es nur darum gehen, meint Soulé, dass es der Mutter (oder dem Vater) gelingt, auf den narzisstischen Zugewinn zu verzichten, der mit der Vorstellung vom imaginären Kind und von der eigenen Großartigkeit als Mutter (Vater) verknüpft ist, bis sie schließlich akzeptieren können, »daß das Neugeborene nicht so großartig ist wie das imaginäre Kind« (1990, S. 63).

Bei Vätern kommen diese Vorstellungen vom imaginären, vorgestellten Kind oft weniger leicht zur Sprache, sind aber ebenso relevant. Schon in der Schwangerschaft kann der Zugang zur inneren Vorstellung vom Kind die Väter befähigen, ein gemeinsames Bild vom werdenden Kind zu entwickeln und die (werdende) Mutter besser zu unterstützen, wie Garstick (2013, S. 28) beschreibt: »Erst wenn er dieses ›Kind im Kopf‹ zulassen kann, wird der Mann seine reife Vaterschaft entwickeln und im Erleben der schwangeren Frau als ein unterstützender Partner und fürsorglicher Vater ihres Babys erlebt.«

3.4.2 Das Kind als Trauma

Damit die Eltern sich als gute Eltern erleben können, brauchen sie die Erfahrung, dass es ihnen gelingt, in der Beziehung zu ihrem Kind zu sein und dessen Bedürfnissen gerecht werden zu können. Dafür genügt es, »ausreichend gut« (Winnicott, 1971) als Eltern zu sein, man muss bei Weitem nicht alles richtig machen. Wenn diese Erfahrungen des Gelingens jedoch zu wenig möglich sind und die Beziehung misslingt, dann kann das Verhältnis von Eltern und Kind zum beidseitigen Trauma werden. Um nicht einseitig und oft der Erwartung der Eltern entsprechend den Fehler und die Schuld am Misslingen bei den Eltern zu suchen, hilft es, zu bedenken, dass auch spezifische

Eigenheiten und Schwierigkeiten des Kindes dazu beitragen können, wenn Eltern und Kind nicht die Erfahrung von gelingender Abstimmung und Beziehung machen können.

Manche Kinder können besser auf die Eltern reagieren und die Eltern spiegeln als andere. Autistische Kinder können dies beispielsweise schlecht, doch auch viele andere Kinder, etwa mit angeborenen Syndromen, mit Krankheiten und Behinderungen, mit diskreten Beeinträchtigungen neurobiologischer Art, »Schattensyndromen« (Ratey u. Johnson, 1997, dt. 1999), konstitutionellen Eigenarten, die unter der Schwelle von diagnostizierbaren Störungen oder Krankheiten bleiben, stellen die Eltern vor unlösbare Probleme, weil die Abstimmung mit dem Kind sehr viel häufiger misslingt als mit einem »durchschnittlichen«, genügend kommunikations- und abstimmungsfähigen Kind.

Den Eltern fehlt dann nicht nur das Erleben, als Eltern kompetent zu sein, sondern ihre Misserfolge führen dazu, dass sie im Laufe der Zeit scheinbar immer inkompetenter werden, als Folge dessen, dass ihre Empathiefähigkeit gegenüber dem Kind immer mehr in Mitleidenschaft gezogen wird. Sie versuchen dann etwa, durch Strenge und Strafen zum Erfolg zu kommen, und greifen in ihrer Überforderung zu drastischen Maßnahmen wie Gewalt oder Rückzug und Abwendung vom Kind. Weil sie die Probleme des Kindes nicht verstehen können, geraten sie in eine Eskalation von immer neuen, scheiternden Versuchen, die zu immer neuen, zusätzlichen Problemen führen. Als Therapeutin lernt man diese Eltern oft erst am Ende dieser Entwicklung kennen und diagnostiziert dann große erzieherische und emotionale Probleme bei den Eltern als eine mögliche Ursache der Probleme des Kindes. Doch es »geschieht leicht, daß man bei der Arbeit mit solchen Eltern die Auswirkungen der Krankheit des Kindes (auf das Kind und auf die Familie) mit ihren Ursachen verwechselt« (Klauber, 1998; dt. 1999, S. 401).

Mit einem gestörten, autistischen, psychotischen Kind zusammenzuleben kann die ganze Familie zu einer Familie mit einer gestörten Struktur und verrückten Eigenarten machen, weil sich nicht nur das

Kind an die Umgebung, sondern auch die Umgebung, so gut es geht, an das Kind anpasst. Deshalb kann auch das schwierige Kind ein Auslöser für elterliche Ohnmacht und Hilflosigkeit und damit ein Element in der Entstehung von familiären Teufelskreisen sein, die Pleyer (2004) als »co-traumatische Prozesse« in der Eltern-Kind-Beziehung beschreibt.

Die Eltern dieser Kinder sind meist schon lange erschöpft, verzweifelt und überfordert, wenn die Therapeutin sie kennenlernt, und haben oft schon schlechte Erfahrungen mit anderen Institutionen und Fachpersonen gemacht. Die negativen Erfahrungen mit dem Kind und im Zusammenhang mit den Problemen mit ihm können sich so sehr kumulieren, dass am Schluss das Kind selbst zur Verkörperung all dieser verstörenden Erfahrungen wird, zum Symbol für dieses kumulative Trauma. Dann triggern nicht nur bestimmte Verhaltensweisen des Kindes die traumatische Erfahrung der Eltern mit ihm, sondern auch Fachpersonen und Institutionen können als Trigger erlebt und deshalb auch gemieden werden.

4 Rahmenvereinbarung und Klärung des Settings

Elternarbeit kann in verschiedenen Settings stattfinden:
- Elternarbeit allein ohne Therapie des Kindes;
- Elternarbeit und Einzeltherapie des Kindes bei derselben Therapeutin;
- Elternarbeit und Einzeltherapie des Kindes bei einer anderen Therapeutin;
- Elternarbeit in Elterngruppen;
- anstelle von Elternarbeit Familientherapie bei einer anderen Therapeutin.

Je mehr Personen beteiligt sind, desto komplexer und weniger überschaubar werden die Interaktionen und desto wichtiger ist es, sich auf klare Rahmenbedingungen beziehen zu können. Dazu gehört, wie schon erwähnt, wenn immer möglich, nicht zu improvisieren, sondern am einmal gewählten Setting festzuhalten, um das Agieren der Eltern und das eigene Agieren zu begrenzen. Grundlage dafür ist natürlich, dass die Therapeutin zuvor genügend Informationen gesammelt hat, um zu entscheiden, in welchem Setting mit diesen Eltern mit ihren spezifischen Möglichkeiten und Begrenzungen Erfolg versprechend gearbeitet werden kann, und dass die Eltern bereits an dem Punkt sind, an dem sie der spezifischen Art des therapeutischen Vorgehens zustimmen und ein tragfähiges Arbeitsbündnis herstellen können.

Dies ist oft nach einigen wenigen Sitzungen mit den Eltern noch nicht der Fall, weshalb dann, um spätere Schwierigkeiten bis hin zu Abbrüchen oder malignem Agieren zu vermeiden, die Abklärungsphase verlängert werden muss, bis diese Dinge geklärt sind. Es ist besser, man lässt das Kind und die Eltern auf den Beginn der Therapie warten, als dass man sich in eine Zwangslage manövriert, in der man eine Therapie mit dem Kind begonnen hat, die Eltern aber noch nicht mitarbeiten können. Die Arbeit mit den Eltern an den von der Therapeutin vorgeschlagenen Rahmenbedingungen der Therapie ist bereits Therapie; alle die Dinge, die scheinbar im Vorfeld der eigentlichen Therapie geklärt und bearbeitet werden müssen, sind auch Teil der Umwelt des Kindes und haben, je schwieriger sie zu klären sind, umso größeren Einfluss auf die Situation des Kindes.

Im Gegensatz zur üblichen Praxis und zu den für die BRD geltenden Psychotherapierichtlinien wäre es am übersichtlichsten und meiner Erfahrung nach in vielen Fällen auch sinnvoll, nach der Abklärungsphase mit dem Kind und den Eltern zunächst erst einmal nur mit den Eltern zu arbeiten und nur dann eine Einzeltherapie zu beginnen, wenn nach einem halben Jahr intensiver Elternarbeit noch immer Symptome bestehen. Dann wäre deutlich, dass Veränderungen über die Arbeit mit den Eltern allein nicht schnell genug zu erreichen oder nicht wirkungsvoll genug sind, um das Kind von seiner Symptomatik zu entlasten, oder dass die neurotische Entwicklung beim Kind bereits so verfestigt ist, dass sie nur durch eine einzeltherapeutische Arbeit angegangen werden kann. Denn sonst führt die Neurose des Kindes wiederum zu Übertragungen des Kindes auf die Eltern, was das Kind und seine Eltern in den eingefahrenen Interaktionszyklen gefangen hält.

Oft wird jedoch, auch wenn die Basis der Zusammenarbeit mit den Eltern noch nicht richtig geklärt ist, direkt das Kind in Einzeltherapie genommen, und man hofft, dass die Arbeit mit den Eltern dann auch noch klappen wird. »Gewöhnlich wird nur eine kurze Evaluationsphase durchgeführt, und man verlässt sich auf die Angst der Eltern und ihre Autoritätshörigkeit, um möglichst rasch mit der Behandlung des Kindes zu beginnen« (Novick u. Novick, 2005; dt. 2009, S. 57). Doch hier wird das Pferd vom Schwanz aufgezäumt und das Kind zuerst einmal als Geisel in die Therapie genommen, damit man später auch der Eltern habhaft werden kann. Dies geschieht oft mit der Begründung, dass es dem Kind schlecht gehe und es Hilfe brauche. Nur fällt dabei außer Betracht, dass es dem Kind noch schlechter gehen kann, wenn die begonnene Einzeltherapie blockiert oder abgebrochen wird; das Kind hat sich der Therapeutin geöffnet, hat Hoffnung geschöpft, einen Ausweg aus seinem unglücklichen Dasein zu finden, und wird sich dann vielleicht enttäuscht und resigniert weiter in sich und seine Symptome zurückziehen als zuvor.

Manchmal findet aber auch deshalb Elternarbeit ohne Therapie des Kindes statt, weil sich das Kind der Einzeltherapie verweigert, oder nach Abschluss der Einzeltherapie, wenn die Eltern sich noch zu unsicher fühlen, allein weiterzugehen. Arbeitet man mit relativ gut strukturierten Eltern unter Verzicht auf eine Therapie des Kindes, dann kann man die Eltern als Therapeuten des Kindes betrachten und sie gewissermaßen supervidieren, was schon Freud in der Behandlung des kleinen Hans (1909b) ausprobiert und auch Anna Freud (1966) praktiziert hatte: »treatment of the child via the parent« (vgl. Chethik, 1989).

Für Eltern, die wenig Wissen über Psychotherapie haben, ist es nicht einfach, ein Bewusstsein dafür zu entwickeln, worauf sie sich mit der Behandlung ihres Kindes einlassen und wozu sie sich dann auch längerfristig verpflichtet fühlen sollen. In keinem anderen Lebensbereich ihres Kindes werden sie in diesem Ausmaß gefordert und einbezogen: weder in der Schule noch beim Arzt, beim Sport- oder Musikunterricht. Die Eltern müssen vor Beginn der Behandlung verstehen, dass ihr Kind, wie auch sie selbst, Zeiten haben werden, in denen man nicht gern in die Therapiesitzungen geht, sie ausfallen lassen möchte, und dass es gerade dann wichtig sein wird, die Termine einzuhalten und die therapeutische Arbeit fortzuführen. »Den Eltern, nicht dem Kind selbst, fällt die Aufgabe zu, das therapeutische Bündnis mit dem Analytiker aufrechtzuerhalten« (A. Freud, 1965, S. 2169).

Wenn die Eltern für die Widerstände des Kindes gegen die Therapie Partei nehmen, droht der Abbruch. Und oft sind, wie Anna Freud beschreibt, auch die Eltern selbst die Ursache für den Widerstand des Kindes, der sich gerade dann zeigen kann, wenn sich das Kind so richtig auf die Therapie einlässt: »Wo die positive Übertragung ansteigt, steigert sich gewöhnlich auch die Eifersucht der Mutter auf den Analytiker und verstärkt den nie fehlenden Loyalitätskonflikt des Kindes« (S. 2169).

Jüngere Kinder müssen zur Therapie gebracht und wieder abgeholt werden, ein Beispiel dafür, dass die Klärung von scheinbar trivialen, sachlichen Elementen der Rahmenvereinbarungen Veränderungspotenzial enthält, weil dabei manchmal schon im Vorfeld der Therapie grundsätzliche Konflikte zur Sprache kommen: Wie sehr wird es als Aufgabe der Mutter betrachtet, das Kind in die Therapie zu begleiten, kann hier der Vater mehr übernehmen? Gibt es Personen im Umfeld, die einspringen können, wenn die Eltern nicht dazu in der Lage sind? Richtet sich dann ein Vater so ein, dass auch er das Kind begleitet, hat sich manchmal schon etwas an der üblichen Rollenverteilung geändert, und das Kind erlebt, dass es seinem Vater wichtig ist, es zu begleiten.

Potenzielle Widerstände gegen die Therapie sind oft nicht direkt, sondern nur über die Gegenübertragung der Therapeutin zu erkennen, wie das folgende Beispiel zeigt:

Das Kind fällt in der Schule wegen grenzüberschreitendem Verhalten auf, was den Eltern, die sehr bemüht und angepasst wirken, äußerst unangenehm ist. Bei der Abklärung fällt im Wartezimmer auf, dass die Eltern, wenn sie das Kind bringen, ihren Aufforderungen keinen Nachdruck verleihen, bemüht sind, aber wenig wirkungsvoll auf es einwirken. Das Kind ist etwas ungesteuert und etwas übergewichtig. Auch in ihren Sitzungen mit dem Kind stellt die Therapeutin fest, dass sie es vermeidet, das Kind zu begrenzen, weil sie befürchtet, dass es dann keine Lust haben könnte, zur nächsten Sitzung zu kommen. Dies führt dazu, dass sich die Therapeutin zunehmend unwohl fühlt, weil das Kind in den Stunden ständig die Grenzen dessen, was die Therapeutin als passend empfindet, überschreitet. Es hat sich also die Symptomatik in der Schule in der Abklärungssituation reproduziert.

Die Eltern sind in den Abklärungsgesprächen bemüht, Hinweise und Ratschläge von der Therapeutin zu erhalten. Sie scheinen perfekt motiviert und alles richtig machen zu wollen, was der Therapeutin zunächst den Blick darauf verstellt, wo die Ursachen für die Probleme des Kindes liegen könnten. Bis schließlich die Schwierigkeiten der Mutter zur Sprache kommen, dem Kind etwas abzuverlangen oder ihm Grenzen zu setzen. Sie meint, damit ihrem Kind etwas anzutun, und hält deshalb auch den Vater zurück, wenn dieser das Kind mehr fordern oder begrenzen möchte. Das Bemühen, dem Kind frustrierende Erfahrungen zu ersparen, führt dazu, dass es seine Grenzen nicht angemessen erfahren kann, sowohl körperlich als auch psychisch als auch sozial. Der Vater unterwirft sich der Mutter und kann dadurch weder als väterliches Gegenüber noch als triangulierender Dritter zur Geltung kommen. Diese Strategie der Konfliktvermeidung führte das Kind und seine Eltern in eine Sackgasse, weil sie außerhalb der Familie nicht funktioniert: Hier wird das Verhalten des Kindes als unangemessen erlebt und sanktioniert, woraus genau die Konflikte und Frustration für die Eltern und ihr Kind entstehen, die sie sich ersparen wollten.

Auch die Therapeutin hat sich an dieses Objektbeziehungsmuster der Konflikt- und Frustrationsvermeidung angepasst, was sie aber erst dann bemerkt, als ihr auffällt, dass sie sich für ihre Verhältnisse mit diesen eigentlich bemühten und netten Eltern ungewöhnlich gefühlsarm fühlt und, wie die Eltern selbst, auch auf einen tollen Einfall hofft, der schnell die Symptome aus der Welt schafft. Sie versteht anhand ihrer Gegenübertragungsreaktion, dass die Abwehr der Gefühle der Preis für die Strategie der Anpassung und Vermeidung ist, und fragt sich, wie sie mit diesen Eltern arbeiten kann. Nun wird ihr klar, dass sie den Eltern im Auswertungsgespräch deutlich machen muss, dass die therapeutische Arbeit erfordert, Konflikte zwischen Kind, Eltern und Therapeutin auftauchen zu lassen und aushalten zu lernen, ohne sich aus der Therapie zurückzuziehen. Sie wird mit ihnen antizipierend darüber sprechen, mit welchen Konflikten die Eltern konfrontiert werden und wie sie konkret damit umgehen können. Etwa wenn sich das Kind weigern würde, in die Therapiestunde zu gehen, weil es sich frustriert fühlt oder gerade keine Lust hat. Oder wenn die Eltern enttäuscht sind, weil die Schwierigkeiten nicht schnell gelöst werden und sie sich nicht schnell der durch die Auffälligkeiten des Kindes in der Schule erzeugten negativen sozialen Aufmerksamkeit entledigen können – wären sie dann in der Lage, diese Unzufriedenheit gegenüber der Therapeutin zu kommunizieren?

Wenn zunächst in einer vorbereitenden Phase mit den Eltern allein bestimmte vorherrschende Themen und Affektzustände der Eltern bearbeitet werden, kann eine bessere Grundlage für die Einzeltherapie geschaffen werden. So sehen Novick und Novick (2005; dt. 2009, S. 79) eine Aufgabe der Vorbereitungsphase mit den Eltern vor Beginn der Einzeltherapie darin, »die von Schuldgefühlen durchdrungene Angst in konstruktive Sorge und Anteilnahme umzuwandeln«. Auch Göttken und v. Klitzing (2015, S. 128) empfehlen, zuerst mit den Eltern allein zu arbeiten, wenn Schuldzuweisungen und Vorwürfe vorherrschen, wenn ihre Fixierung auf die Beseitigung von Symptomen den Zugang über das Verstehen der Symptome verstellt oder die Eltern aufgrund ihrer mangelnden triadischen Kompetenz nicht zulassen können, dass das Kind Einzelsitzungen mit der Therapeutin hat.

Zu den Dingen, die verbindlich mit den Eltern vor Beginn der Behandlung zu klären sind und den Rahmen darstellen, auf den sich alle Parteien beziehen können müssen, um eventuelle Konflikte zu klären, gehören Häufigkeit und Dauer der Sitzungen – die durch die Kostenträger und andere äußere Faktoren beeinflusst werden –, Klärung des Honorars und des Ausfallhonorars, Definition der anzuwendenden Methode, vorgesehene Dauer der Behandlung und Möglichkeiten ihrer Beendigung sowie wem gegenüber welche Form der Schweigepflicht gilt. Eine bewährte Frequenz ist 1:4, also ein Elterngespräch nach vier Einzeltherapiesitzungen, wie für Deutschland auch in den Psychotherapierichtlinien vorgesehen, bei höherer Frequenz der Einzeltherapie auch ein Elterngespräch alle vier Wochen. Althoff (2017) schlägt sogar ein Regelverhältnis von 2:1 vor, als »Statement« für mehr Elternarbeit. Bei Jugendlichen wird die Frequenz der Sitzungen mit den Eltern meist umgekehrt proportional zum Alter geringer angesetzt.

Weiter zu klären ist auch, wer sonst noch mit dem Kind therapeutisch, medizinisch oder paramedizinisch arbeitet und welche Rolle diese Fachpersonen für die Eltern spielen. Falls sich einer oder beide Elternteile in einer eigenen Psychotherapie befinden, sollte sich die Therapeutin nicht der Illusion hingeben, dort werde schon ein wesentlicher Teil der Elternarbeit gemacht. Die Einzeltherapien von Eltern haben andere Funktionen als die Elternarbeit; in den Therapien der Erwachsenen ist von ihren Kindern erstaunlich wenig die Rede, und auch die Auswirkungen ihrer Pathologie auf ihre Kinder werden wenig thematisiert, was schon Anna Freud anhand der Erwachsenenanalysen an ihrer Hampstead Clinic feststellte.

Kann die Therapeutin mit den Eltern keine tragfähige Rahmenvereinbarung treffen oder scheinen ihr die Eltern aufgrund ihrer diagnostischen Einschätzung durch ein längerfristiges Setting überfordert, in dem es um eine an Verstehen und Einsicht orientierte Arbeit geht, was eine gewisse Fähigkeit zum Aufschub von Agieren und zu einer triangulären therapeutischen Beziehung erfordert, so müssen andere Behandlungsmöglichkeiten in Betracht gezogen werden. Diese können stärker beratend, psychoedukativ oder die Familie sozialpädagogisch begleitend ausgerichtet sein und allenfalls die Grundlage für eine spätere Behandlung schaffen.

4.1 Getrennte und unvollständige Elternpaare

Fehlt ein Elternteil, kann mit ihm nicht real, aber doch symbolisch gearbeitet werden. Dann geht es darum, ob er von der Mutter oder vom Vater dem Kind gegenüber präsent gehalten wird, ob gut oder schlecht über ihn gedacht und geredet wird und ob es andere Dritte gibt, die an dessen Stelle treten dürfen und dem Kind und seinem Elternteil triangulierende Erfahrungen ermöglichen. Fehlt der andere Elternteil, tritt oft die Therapeutin an die Stelle dieses realen triangulierenden Dritten. Insbesondere wenn es sich um eine alleinerziehende Mutter, ihren Sohn und einen männlichen Therapeuten handelt, ist diese Konstellation sowohl sehr potent als auch bedrohlich: Der Therapeut kann vom Kind und seiner Mutter idealisiert und als Vater- und Partnerersatz inthronisiert werden, aber genauso gut kann er als Gefahr für die Mutter-Kind-Dyade, in der bisher die Mutter die vollständige Kontrolle hatte, empfunden und nach einer Zeit des therapeutischen Honeymoons von der Mutter bekämpft und wieder ausgeschlossen werden. Dazu trägt auch bei, dass ihre auf den Therapeuten projizierten Beziehungswünsche enttäuscht werden, worauf sie möglicherweise mit ihm ähnliche Partnerschaftskonflikte inszeniert, die auch in der Trennung vom Vater des Kindes eine Rolle spielten.

Wenn beide Eltern einbezogen werden können, aber so zerstritten sind, dass man sie nur getrennt sehen kann, sollte man die Frequenz der Gespräche nicht nach Bedürfnis oder Dringlichkeit, sondern anhand eines übergeordneten sachlichen Kriteriums festlegen, um hier nicht ohne Orientierung in die Beziehungsdynamik verwickelt zu werden. Man kann sich darauf beziehen, dass Vater und Mutter für die Entwicklung des Kindes gleich von Bedeutung sind und sie dementsprechend gleich häufig einladen, strikt im Wechsel, damit das Schema klar vorgegeben ist, oder man kann sich an der realen Zuständigkeit orientieren, so wie sie in der Trennungsvereinbarung festgelegt oder zwischen den Eltern ausgehandelt wurde.

Kooperiert ein Elternteil nicht und stellt sich gegen die Therapie, so ist deren Gelingen sehr fraglich. Wird dennoch eine Therapie aufgenommen, ist dieser Parameter stets mitzudenken und bewusst zu machen. Sinnvoller kann es sein, die Einzeltherapie aufzuschieben und diese Problematik vorgängig mit dem kooperierenden Elternteil zu bearbeiten und zu antizipieren, wie man mit möglichen destruktiven Einmischungen des anderen Elternteils so umgehen kann, dass das Kind und die Therapie nicht durch einen Loyalitätskonflikt blockiert werden.

Befinden sich die Eltern in Trennung und tragen ungeklärte Konflikte um das Sorgerecht oder Finanzen aus, so drohen die therapiebegleitenden Elterngespräche mit diesen Themen und damit mit den Paarkonflikten der Eltern gefüllt und zweckentfremdet zu werden. Deshalb gilt für Göttken und v. Klitzing (2015, S. 127) »die Regel: Zuerst muss das Sorge- und Umgangsrecht geklärt und entschieden sein und dann kann die Therapie beginnen.« Für die Arbeit mit Eltern in Trennung stellt das Konzept der »verantworteten Schuld« von Figdor (1997) eine Orientierungshilfe dar, womit gemeint ist, dass darauf hingearbeitet wird, dass die Eltern die Schuld und Verantwortung für die Trennung dem Kind gegenüber gemeinsam übernehmen können. Dafür müssen die Eltern die Bereitschaft entwickeln, zu ertragen, dass sie am Schmerz ihrer Kinder schuld sind, und gemeinsam eine kindgerechte Erklärung der Gründe für ihre Trennung erarbeiten, aus der klar hervorgeht, dass sie und nicht das Kind die Schuld daran trägt.

4.2 Elternarbeit in der Adoleszenz

In der Adoleszenz kann das jugendliche Kind zunehmend mehr Verantwortung übernehmen, und dementsprechend treten die Eltern auch in der Therapie mehr in den Hintergrund. Überlässt man bei der Anmeldung dem Jugendlichen die Wahl, so erscheint er oft schon zum Erstgespräch lieber allein und markiert damit seinen Anspruch, der Hauptakteur zu sein und die Dinge kontrollieren zu wollen. In 15–20 Prozent der Fälle kommt der Jugendliche sogar in die Erstkonsultationen, ohne dass seine Eltern davon wissen (Seiffge-Krenke, 2007).

Will ein Jugendlicher seine Therapie ganz ohne Einbezug der Eltern durchführen, so muss die Therapeutin abwägen, ob ihr das angemessen und tragbar oder in ihrer Einschätzung der Gesamtsituation und ihrer eigenen Belastungsfähigkeit kontraindiziert oder zu riskant erscheint. Meistens lässt sich die Ablehnung mit dem Jugendlichen so weit bearbeiten, dass zumindest ein lockerer Kontakt mit den Eltern geknüpft werden kann, in dem diese der Behandlung und ihrer Finanzierung zustimmen. Eine Lösung kann auch sein, dass Elterngespräche bei einer anderen Therapeutin stattfinden.

Elterngespräche mit den Eltern von Jugendlichen zu führen hat den Vorteil, dass diese in ihren Ängsten vor Verlust und vor den Gefahren der Adoleszenz begleitet werden können. Der Kontakt mit der Therapeutin kann sich manchmal wie die letzte Verbindung zu ihrem Kind anfühlen, wenn sich dieses völlig von den Eltern abkapselt und in seinem Befinden und Verhalten von diesen überhaupt nicht mehr verstanden und eingeschätzt werden kann. Zugleich kann auch für den Jugendlichen die beruhigende Botschaft wichtig sein, dass der Kontakt zu seinen Eltern doch nicht völlig abgebrochen ist und dass diese auch herangezogen werden können, wenn sie ihrer Funktion als Eltern entsprechend Verantwortung übernehmen oder Hilfe leisten müssen.

Beiden Seiten signalisieren die Elterngespräche auch, dass es in der Adoleszenz nicht einseitig um Trennung und Ablösung geht, sondern ebenso darum, die Bindungen aufrechtzuerhalten und in eine altersgerechte Form zu transformieren. Eine große Entwicklungsaufgabe für die Eltern besteht darin, zu akzeptieren, dass von jetzt an die Peergruppe das Hauptreferenzsystem für den Jugendlichen sein wird und damit die Rolle übernimmt, die sie bisher ausgefüllt hatten. Die Eltern müssen darauf verzichten können, sich selbst wie Jugendliche zu benehmen, weil sie damit den Entwicklungsraum, den der Jugendliche braucht, selbst besetzen und blockieren. Damit die Eltern den Raum der Adoleszenz dem oder der Jugendlichen überlassen können, müssen sie die bei ihnen auftauchende Leerstelle mit neuen Inhalten füllen, worauf wir schon im Rahmen der Entwicklungsaufgaben der Eltern hingewiesen haben.

5 Elemente der Elternarbeit

5.1 Die therapeutische Haltung

Die Therapeutin ist die Hüterin des Settings und Garantin dafür, dass niemand in den Gesprächen zu Schaden kommt. Sie sorgt dafür, dass der Rahmen eingehalten wird, weil der Rahmen für alle Beteiligten eine haltende und Sicherheit bietende Struktur darstellt (vgl. Grieser, 2004). Zunächst wissen die Eltern noch nicht genau, was auf sie zukommt, gehen oft noch davon aus, dass das Problem im Kind steckt, und noch nicht davon, dass sich auch bei ihnen etwas ändern müsste. Die Therapeutin bietet den Eltern Empathie, eine haltende Beziehung und die Sicherheit des Rahmens, was die Bindungserfahrungen der Eltern aktiviert und für manche Eltern schon eine ungewohnte Erfahrung darstellen kann. In der Beziehung mit der Therapeutin erleben die Eltern beispielhaft eine Haltung, die auch für sie selbst im Umgang mit ihrem Kind wünschenswert wäre, und können dadurch ihre Fähigkeiten der Zugewandtheit und Empathie verbessern (vgl. Ornstein u. Ornstein, 1985, dt. 1994; Diez Grieser u. Müller, 2018).

Wie hilfreich die präsente, verständnisvolle Haltung einer Therapeutin erlebt werden kann, kommt in den folgenden Zeilen zum Ausdruck, die Winnicott (1977; dt. 1980, S. 148) von der Mutter seiner kleinen Patientin Piggle erhielt: »[…] wie sehr es mir geholfen hat, Ihnen immer wieder schreiben zu können; irgendwie meiner Sprachlosigkeit und meinen Ängsten Ausdruck zu geben, in dem Wissen, daß sie mit großem Verständnis aufgenommen werden; und in dem Gefühl, mit Ihnen in Beziehung zu stehen.«

Manchmal können sich Eltern nur durch diese verstehende und anerkennende Grundhaltung schon entlastet fühlen und »spontane Entwicklungskräfte freilegen« (Dührssen, 1960/1989, S. 223). Dies kann einen Schritt dahin darstellen, worin Dührssen das erste Anliegen der Therapeutin sieht: den typischen Circulus vitiosus, der sich aus der neurotischen Interaktion zwischen Eltern und Kind sekundär entwickelt hat, zu durchbrechen.

Natürlich »hat man als Therapeut die günstigste Ausgangslage, wenn es einem gelingt, zu einer *positiven Identifikation* mit der Wertwelt und den Bedürfnissen der Eltern zu kommen« (Dührssen, 1960/1989, S. 178), doch oft sind uns die Eltern fremd und wir haben Mühe, ihre Lebensweise zu akzeptieren und diesen Menschen, die für unsere Begriffe ihr Kind schlecht behandeln, offen und freundlich zu begegnen. Die Eltern merken dies natürlich. Um die eigene Gegenübertragung handhaben zu können und keine Reaktionen bei den Eltern zu provozieren, die zum Abbruch führen könnten, muss sich die Therapeutin an ihrer therapeutischen Aufgabe orientieren und sich am besten damit behelfen, dass sie es interessant findet, diese sie vielleicht befremdende Lebensweise zu erforschen und besser zu verstehen. »Die Aufgabe des Therapeuten ist nicht, Partei zu ergreifen, sondern zu verstehen und zu erklären« (Ornstein u. Ornstein, 1985; dt. 1994, S. 366).

Zu Beginn kann man nie wissen, ob man mit einem bestimmten Elternpaar erfolgreich arbeiten wird, es kann auch schiefgehen. Mit der Arbeit im Mehrpersonensetting geht immer die Angst einher, dass man von den anderen nicht aufgenommen, ausgeschlossen oder vernichtet werden könnte, was Pühl (1998) die »triadische Grundangst« nennt. Die Eltern könnten sich gegen die Therapeutin verbünden, oder der eine Elternteil könnte zum Zeugen dessen werden, was die Therapeutin im Gespräch mit dem anderen Elternteil alles falsch macht, was die Schamangst der Therapeutin – aber auch der Eltern – in einer Drei- und Mehrpersonenkonstellation gegenüber der Zweiersituation erheblich verschärft. Im Vergleich mit der dyadischen Situation in der Einzeltherapie mit dem Kind stellt das Gespräch in der Triade mit den Eltern gewissermaßen einen öffentlichen Auftritt dar.

Genauso wichtig, wie abgewehrte Konflikte aufzudecken, ist es zunächst, die Abwehr der Eltern zu stützen. Je mehr sich die Eltern in ihren Bemühungen anerkannt und beispielsweise durch die Suche nach weiteren Ressourcen gestützt fühlen, desto mehr wird die Arbeit an ihren Schwierigkeiten und Widerständen möglich. Dabei sollte man den Eltern allerdings nicht so weit entgegenkommen müssen, dass ständig Abweichungen vom Rahmen nötig werden, wie Zusatztermine, Telefonate, E-Mail-Korrespondenzen. Im Gegenteil kann es genauso zu einer haltenden Beziehung gehören, dass auch Grenzen gesetzt und akzeptiert werden können, was manchmal das ganze System beruhigt.

In der Arbeit mit Mehrpersonensystemen sind auch die in der systemischen Therapie entwickelten Grundhaltungen der Neutralität und der Allparteilichkeit hilfreich, da sie verhindern, dass die Therapeutin unbemerkt Partei ergreift und sich in dyadische Bündnisse mit einem Elternteil gegen den anderen verstrickt. Es ist zwar nicht möglich, gar nicht in die familiäre Psychodynamik verstrickt zu werden, doch geht es darum, dies zu bemerken und die neutrale Position der triangulierenden Dritten und damit die Fähigkeit zu unabhängigem fachlichem Denken zurückzugewinnen.

5.1.1 Wissen und Nichtwissen

Mit Recht erwarten die Eltern, dass wir mehr wissen als sie und dass wir unser Wissen dazu verwenden, die Probleme des Kindes und der Eltern zu lösen. Dies ist Teil der unspezifischen positiven Übertragung, die Therapie überhaupt möglich macht. Doch geht es auch darum, dass das spezifische Wissen um die konkreten Schwierigkeiten dieses konkreten Patienten und seiner Eltern erst langsam von allen Beteiligten gemeinsam erarbeitet werden muss, und die Therapeutin kann und sollte nicht schon wissen, was in der gemeinsamen Forschungsarbeit erst gemeinsam herausgefunden werden muss. Denn das Wissen der Therapeutin kann auch Neid, Angst und Widerstände auslösen.

Besonders für strukturell labile Menschen kann das Wissen des Anderen bedrohlich sein. Für den Umgang mit psychotischen Menschen empfiehlt beispielsweise Mooij (2003), diesen eher aus der Position des Nichtwissens als der des Wissens zu begegnen, weil das Wissen des Anderen so lange ihre Ich-Grenzen bedroht, bis eine Beziehung entstanden ist, die die Patienten als stützend erleben können. Man muss sich mit solchen Patienten und Elternteilen für längere Zeit darauf beschränken, den Raum miteinander zu teilen und die abgemachte Zeit so miteinander zu verbringen und für diese Person aushaltbar zu machen, dass sie zur nächsten Stunde wiederkommen kann.

Aber auch sonst ist es von Vorteil, wenn man es sich erlaubt, nicht immer alles sofort verstehen zu müssen, durchaus etwas langsam von Begriff zu sein, immer wieder klärend nachfragen zu müssen. Denn steht man unter Druck, schnell verstehen zu müssen, so befindet man sich in einem inneren Abwehrkampf. Die Therapeutin hat im Elterngespräch, wenn sie sich zwei Personen gegenübersieht, viel mehr Informationen zu verarbeiten als in der Dyade mit einer Person; sie darf sich also auch mehr Zeit nehmen, um die oft verwirrende Kommunikation zu entwirren und zu verstehen. In der Mentalisierungstheorie gilt Inspektor Columbo aus der gleichnamigen Krimiserie als Vorbild für Therapeutinnen und Therapeuten, die auch deshalb langsam denken und begriffsstutzig sein dürfen, weil das stete Nachfragen der Therapeuten die Patienten zum Mentalisieren anregt.

Spielen besondere Lebensumstände eine Rolle wie eine chronische Krankheit oder Adoption, so kann die Therapeutin unter Druck kommen und dazu neigen, »entweder allzu vieles mit solchen spezifischen Bedingungen zu erklären oder deren Konsequenzen pauschal zu verleugnen« (Novick u. Novick, 2005; dt. 2009, S. 137).

5.1.2 Kultursensibilität

Am besten geht die Therapeutin mit der Offenheit und Neugier einer Ethnologin auf die Eltern zu. Am offenkundigsten nötig und angebracht ist dies natürlich, wenn die Eltern tatsächlich aus einer anderen Kultur stammen. Dann ist es immer nötig, sich von den Eltern selbst erzählen zu lassen, wie man in ihrer Kultur diese oder jene Situation beurteilt und wie man dort damit umgeht.

Beispielsweise fand eine Therapeutin nach längerer Zeit heraus, dass ihr elfjähriger Patient bei der Mutter im Bett schlief. Die Therapeutin nahm bei sich ein Gefühl der Empörung wahr, das dadurch bestärkt wurde, dass die alleinerziehende Mutter ihr dies überhaupt nur nach einigem Zögern erzählt hatte. Ihr schien sofort klar zu sein, dass sie es hier mit einer inzestuös-übergriffigen Nähe zwischen Mutter und Kind zu tun hatte, die die psychosexuelle Entwicklung des Sohnes gefährdete und rasch beendet werden müsse. Im selben Gespräch erzählte die Mutter auch, dass sie als Folge früherer Elterngespräche darauf verzichten könne, den Jungen zu schlagen, wenn er wieder etwas getan hatte, das er nicht hätte tun sollen. Nun fühle sie sich jedoch so, als ob sie als Mutter versagt hätte. Als sich die Therapeutin dann nach den Hintergründen für die Verhaltensweisen der Mutter erkundigte, erfuhr sie, dass es im afrikanischen Herkunftsland der Mutter üblich sei, dass der älteste Sohn bei der alleinstehenden Mutter schläft und dass es Pflicht einer Mutter sei, das Kind zu schlagen, wenn es nicht gehorcht, ansonsten sei sie keine gute Mutter und dem Sohn fehle die erwartete Reaktion der Mutter. Vom Schlafarrangement hatte sie deshalb nur zögernd berichtet, weil sie wusste, dass solche Dinge in den Augen der Therapeutin auf Ablehnung stoßen würden.

In anderen Situationen kann die Nichtbeachtung kulturspezifischer Regeln zu schweren Missverständnissen und Kränkungen führen. In manchen Kulturen stößt schon das Interesse der Therapeutin dafür, was in der Familie geschieht, auf ein Tabu. Will sie es dann als Widerstand deuten, kann dies zu massiven aggressiven Reaktionen des Familienvorstands führen. Ebenso sind je nach Kultur auch die Vermeidung von Blickkontakt oder Handschlag nicht unbedingt Anzeichen von Vermeidung oder Widerstand (vgl. Schepker, 2017). Auch die Idee, dass sich Kinder von den Eltern ablösen oder Töchter unabhängig sein und eine Ausbildung genießen sollten, wird nicht nur nicht überall geteilt, sondern unter Umständen als aggressive Einmischung in innere Angelegenheiten der Familie empfunden.

Wird für das Elterngespräch ein Dolmetscher benötigt, so erweitert dieser nicht nur als Sprach-, sondern oft auch als Kulturvermittler die Therapeutin-Eltern-Dyade zu einer Triade, in der der Dolmetscher die Funktion übernimmt, die sonst die jugendlichen Kinder für ihre weniger sprach- und kulturkundigen Eltern ausüben. Je mehr Raum der Dolmetscher im Gespräch einnimmt, desto aktiver muss die Therapeutin ihre Position markieren, damit sie sich nicht als Dritte fremd und ausgeschlossen fühlt.

Doch auch in unserer eigenen uns scheinbar vertrauten Kultur gibt es so viele geografische, subkulturelle, sozioökonomische bis hin zu familiären kulturellen Besonderheiten, dass uns die jeweiligen Sitten und Gebräuche überraschend befremdlich vorkommen können.

5.2 Die Gesprächstechnik

In der Elternarbeit können alle auch sonst in der psychodynamischen Psychotherapie verwendeten psychoanalytischen Vorgehensweisen zum Einsatz kommen; neben den hier schon angesprochenen Techniken des Haltens, Klärens und der Arbeit mit Übertragung und Gegenübertragung sind auch das Spiegeln, das Verbalisieren, die Arbeit am Widerstand und an der Abwehr sowie die Deutung zu erwähnen. Zusätzlich werden sicher die meisten Therapeutinnen auch Informationen zu entwicklungspsychologischen und psychodynamischen Zusammenhängen vermitteln.

5.2.1 Ratschläge versus Verstehen

Weniger gern werden hingegen Ratschläge gegeben, obwohl viele Eltern gerade dies am meisten erwarten. Das hat nicht nur damit zu tun, dass Ratschläge scheinbar nur zu oberflächlichen Veränderungen und Anpassungen führen, während die zugrunde liegende Psychodynamik und Struktur unangetastet bleibt, sondern vor allem damit, dass die Ratschläge meistens nicht umgesetzt werden oder nicht funktionieren, was dann als Misserfolg auf die Therapeutin zurückfällt.

Wenn man also doch einmal einen bestimmten Vorschlag macht oder Ratschlag gibt, dann sollte dies therapeutisch gut vorbereitet sein und vor allem auch evaluiert werden. Denn das Interessante am Ratschlag ist im Grunde nicht der Ratschlag, sondern der Umgang der Eltern damit, und es kann therapeutisch sehr aufschlussreich sein, wenn man sich damit beschäftigt, was die Eltern mit dem Ratschlag tun und woran dessen Umsetzung scheitert.

In der Behandlung von Enuretikern macht man immer die Erfahrung, dass die Eltern die Vorschläge, wer wie mit dem nassen Bettzeug umgehen soll, ob das Kind dafür zuständig sein soll oder nicht, so lange nicht umsetzen können, bis man nach ausgiebiger Begleitung dieser vergeblichen Versuche alle Motive aufseiten der Eltern bearbeitet hat, die sie daran hindern, dem Kind einen solchen Autonomieschritt zuzugestehen und zuzumuten. Ähnliches, wenn auch in geringerem Ausmaß, gilt für Vorschläge der Therapeutin bei Schlafstörungen oder solche, die auf die Stärkung einer schwachen Vater-Kind-Beziehung abzielen, wenn man den Gedanken aufbringt, dass der Vater und das Kind öfter mal etwas allein, ohne Mutter und ohne Geschwister, miteinander unternehmen könnten. Deshalb »liegt der bei weitem größere Anteil der therapeutischen Bemühung gerade darin, daß man das Verständnis der Eltern so vorbereitet, daß der schließlich vielleicht gegebene Rat auch wirklich befolgt werden kann« (Dührssen, 1960/1989, S. 173).

5.2.2 Vom Symptom zur Beziehung

Zielführender, als Ratschläge zu geben, ist es deshalb, mit den Eltern daran zu arbeiten, wie sie sich in der Beziehung zu ihrem Kind erleben und ihr Kind in der Beziehung zu ihnen, welche Vorstellungen sie über die innere Welt ihres Kindes haben und was sie sich als Beweggründe für ihr eigenes Verhalten und für das Verhalten ihres Kindes vorstellen können. Der Weg der Elterngespräche führt weg vom Kreisen um die Symptome hin zum Blick auf das Kind in seinen Beziehungen. Je spezieller bestimmte scheinbar unveränderbare Parameter im Leben des Kindes sind, wie chronische Krankheit oder Behinderung, desto wichtiger ist es, den Blick der Eltern auf die oft aus dem Blickfeld verschwundenen Phänomene der normalen Entwicklung und Entwicklungsaufgaben zu lenken. Solche Parameter führen fast immer zu Schwierigkeiten der Ablösung und Autonomieentwicklung, einer größeren Nähe zu den Eltern, insbesondere zur Mutter (Seiffge-Krenke et al., 1996).

Wie für jede therapeutische Situation gilt es, sich daran zu orientieren, welche Thematik gerade aktuell und bewusstseinsnah genug ist, dass die Eltern die Anregungen und Deutungen der Therapeutin annehmen können. Deutungen der Therapeutin im Elterngespräch verknüpfen idealerweise die folgenden drei Elemente miteinander (und genügen damit auch den Kriterien einer Deutung der klassischen psychoanalytischen Technik): 1. die Kindheitssituation aus der Vergangenheit der Eltern; 2. die Realsituation des Kindes in Schule und Elternhaus heute; 3. die aktuelle Übertragungssituation der Eltern auf die Therapeutin (Windaus, 1999).

5.2.3 Suche nach einem Fokus

Ergibt sich aus den spontanen Berichten der Eltern kein Fokus für das Elterngespräch, so kann die Therapeutin sie dazu einladen, Situationen zu schildern, die kürzlich vorgefallen sind. Oft passen die Situationen, die in den Elterngesprächen auftauchen, und die Anekdoten, die den Eltern aus ihrer eigenen Biografie dazu einfallen, scheinbar wie von selbst zum Geschehen in der Einzeltherapie, weil ja die jeweilige Entwicklungsstufe des Kindes und die bei ihm aktuelle psychosexuelle Dynamik immer die entsprechende Dynamik bei den Eltern aktiviert. Insofern ist es oft nicht so schwierig, die aktuelle Symptomatik des Kindes zu den aktuellen Problemen, Konflikten und Abwehrphänomenen, die die Eltern mit in das Elterngespräch bringen, in Bezug zu setzen.

Andererseits muss sich die Therapeutin auch keine Sorgen machen, wenn sich die Elterngespräche in eine völlig andere Richtung als die Einzeltherapie mit dem Kind entwickeln, wenn das therapeutische oder »intersubjektive analytische Dritte« (Ogden, 2004; dt. 2006,

S. 37), das zwischen ihr und den Eltern entsteht, nicht das gleiche ist wie das, das sich zwischen ihr und dem Kind entwickelt. Denn dies kann der Fall sein, wenn die Eltern beginnen, ihre eigenen Themen anzugehen, anstatt sie mithilfe ihres Kindes abzuwehren, was diesem die Freiheit gibt, sich in der Einzeltherapie wie im Leben ebenfalls mit seinen Entwicklungsaufgaben zu beschäftigen.

5.2.4 Strukturieren und Mentalisieren

Man wird die Gespräche natürlich »dem Fassungsvermögen des Gesprächspartners angepaßt« (Dührssen, 1960/1989, S. 183) führen und den Eltern »nach Möglichkeit neue Schuldgefühle ersparen« (S. 181), weder ihre Rationalisierungen entlarven noch sie von irgendetwas überzeugen wollen, sondern, in psychoanalytischer Tradition mit »dem dritten Ohr« (Reik, 1948, dt. 1976) hörend, danach trachten, dass bisher Unverstandenes auftaucht und sich Unverbundenes zu sinnvollen Vorstellungen zusammenbringen lässt.

Bei Bedarf wird die Therapeutin aber auch strukturierende Interventionen einsetzen, wie man sie in der Paar- und Familientherapie verwendet, um etwa die Eltern dazu zu bewegen, nicht immer nur dyadisch zur Therapeutin hin zu sprechen, sondern untereinander und in der Triade zu kommunizieren und so immer wieder zwischen Innen- und Außenperspektive zu wechseln. Wird die Sitzung chaotisch, wird die Therapeutin dies nicht in einer falsch verstandenen analytisch-passiven Haltung einfach laufen lassen, sondern sie wird aktiv werden, die Eltern unterbrechen und Regeln einführen, wie etwa den Anderen ausreden zu lassen oder in Ich-Botschaften zu sprechen. Indem die Therapeutin das Entgleisen der Sitzung verhindert, sorgt sie für den Rahmen und übt beispielhaft eine elterliche Funktion aus.

Sie achtet darauf, dass an die Stelle von Agieren Mentalisieren treten kann, versucht, die mentalen Inhalte und Affekte sprachlich zu fassen und zum Symbolisieren und Reflektieren anzuregen, insbesondere auch mit Blick auf eigene Kindheitserfahrungen der Eltern. Um Aufschluss darüber zu bekommen, wie die Eltern die Übertragungssituation mit der Therapeutin erleben, kann sie die Eltern immer wieder danach fragen, wie es ihnen in der Sitzung geht, wie sie das Gespräch mit der Therapeutin heute erleben.

5.3 Übertragung und Gegenübertragung

Genauso wie die Eltern mit der Therapeutin nicht nur neue Beziehungserfahrungen machen, sondern in der Übertragung zu ihr auch frühere Erfahrungen mit wichtigen Bezugspersonen wiedererleben, überträgt die Therapeutin Elemente ihrer inneren Objektbeziehungsmuster, also unter anderem auch Erfahrungen mit ihren Eltern oder Geschwistern, auf die Eltern, die ihr in der Beratung gegenübersitzen. Dort, wo die Therapeutin vor allem eigene Erfahrungen auf die Eltern projiziert, kann man von der Übertragung der Therapeutin sprechen, dort, wo die Therapeutin primär auf die Übertragung der Eltern reagiert, von der Gegenübertragung der Therapeutin. Davon ausgehend, dass die dominierenden Objektbeziehungsmuster der Eltern, die ihre Beziehung mit dem Kind prägen, auch in der Beziehung zur Therapeutin aktiviert werden, kann man das Geschehen zwischen Eltern und Therapeutin und damit auch die Gegenübertragungsgefühle, -phantasien und -impulse der Therapeutin als Spiegel dessen betrachten, was sich zwischen Eltern und Kind abspielt. Oft erlebt die Therapeutin also bei sich ähnliche Impulse und Reaktionen gegenüber den Eltern wie das Kind.

Am häufigsten befindet sich eine Therapeutin in einer dieser drei Gegenübertragungspositionen:
1. Sie erlebt die Eltern aus der Position eines Kindes heraus und nimmt bei sich beispielsweise Gefühle der Hilflosigkeit und Unterlegenheit wahr oder den Wunsch, es recht zu machen und Zuneigung und Anerkennung der Eltern zu gewinnen. Oder sie spürt Enttäuschung und Wut, nicht das von den Eltern zu bekommen, was sie dringend braucht.
2. Sie empfindet eine Idealisierung durch die Eltern, fühlt sich in eine Großelternposition versetzt, darf die Eltern beruhigen, trös-

ten, unterstützen. Die Eltern können dann ihr gegenüber in der Kinderposition wie rivalisierende Geschwister sich um die Gunst der Therapeutin streiten oder wie unverständige Kinder alles ablehnen, was die Therapeutin anbietet, oder es trotzig sabotieren. Wie jede Idealisierung kann auch die durch die Patienteneltern ins Gegenteil, in die Entwertung, kippen. Je allmächtiger die Therapeutin erlebt wird, desto größer können der Neid aufseiten der Eltern sein und die Verweigerung, sich selbst zu bewegen und zu entwickeln.
3. Die Therapeutin erlebt sich mit den Eltern auf Augenhöhe, in einem gelingenden Austausch oder, in der konflikthaften Variante, im Miteinander-Rivalisieren, wobei auch hier narzisstische oder Geschwisterkonflikte eine Rolle spielen können, wie in der Beziehung zwischen den Eltern und dem Kind.

Daneben wird die Therapeutin auch als Repräsentantin der symbolischen Ordnung der Kultur erlebt und kann als solche genutzt und auch angegriffen werden. Wenn die Eltern nicht wissen, ob sie bestimmte Bedürfnisse haben oder bestimmte erzieherische Ideen umsetzen dürfen, benutzen sie die Therapeutin als Referenz dafür und versuchen explizit oder implizit herauszufinden, was sie als Fachperson und Repräsentantin des Wissens dazu meint. Das kann gerade auch kontroverse Themen zwischen den Eltern betreffen, wie Fragen, ob mehr Krippentage oder die Berufstätigkeit der Mutter dem Kind schaden könnten.

Zwischen der Therapeutin und den Eltern können prinzipiell alle möglichen Übertragungs-/Gegenübertragungskonstellationen entstehen, die wir in der psychodynamischen Psychotherapie kennen. Dazu gehören auch die Arbeit blockierende Kollusionen, in die die Therapeutin mit einem Elternteil gegen den anderen geraten kann, wie sie Willi (1978/1991, S. 118) beschreibt: »Der Therapeut verwickelt sich aufgrund eigener ihm zunächst nicht bewußter Beziehungsbereitschaften in eine Kollusion mit dem einen Patienten […]. Nachdem dieser Prozeß über eine Zeit eskaliert, kommt ein Punkt, wo sich der

Therapeut seiner Befangenheit bewußt wird und den Überblick wieder zu gewinnen vermag.« Indem er nun die gemeinsame Konfliktneigung von ihm und dem Elternteil in Bezug setzt zur Kollusion, wie sie in der Elternpaarbeziehung oder in der Beziehung zwischen Elternteil und Kind auftritt, kann er die Kollusion therapeutisch bearbeiten und auflösen.

Je häufiger die Sitzungen mit den Eltern stattfinden, desto komplexer können die Übertragungskonflikte und Rollenkonfusionen werden. Auf jeden Fall können wir ungelöste »Probleme im Umgang mit der Übertragungs-/Gegenübertragungsdynamik als *die* Sackgasse in der Elternarbeit« (Diez Grieser, 1996, S. 246) betrachten. »Wenn der Therapeut die an ihn herangetragene Rolle übernimmt (oder auch verweigert, was strukturell dasselbe ist), ohne daß dies in der Elternarbeit deutend aufgenommen wird, kann es zu einer Verstärkung und Fixierung der Konflikte in der Familie kommen« (S. 246).

Um sich in dem Geflecht von verschiedenen Übertragungen, Gegenübertragungen und Kollusionen orientieren zu können, sind neben Kenntnissen der Psychopathologie von Erwachsenen auch paar- und familientherapeutische Konzepte und Kompetenzen und eine gründliche psychoanalytische Selbsterfahrung notwendig. Letzteres, damit die Therapeutin weiß, wie und warum sie auf die Übertragungen, Verführungen und Angriffe der Eltern üblicherweise reagiert und welche konfliktträchtigen Anteile ihrer eigenen Person sie selbst in ihrer Übertragung auf die Eltern in die Arbeit einbringen könnte. Dazu gehören beispielsweise bei jüngeren Therapeutinnen ohne eigene Kinder die Reaktivierung ihrer Erfahrungen mit ihren eigenen Eltern, die Neigung, sich den Eltern unterlegen zu fühlen, oder der Wunsch, die bessere Mutter oder der bessere Vater für das Kind zu sein. All diese Motive können von einer generellen Befangenheit bis hin zu einer unbewussten Feindseligkeit der Therapeutin gegenüber den Eltern führen.

Zu den eigenen Wünschen und Konflikten der Therapeutin, die, wenn sie unbewusst bleiben, die Arbeit stören können, gehört auch jene »spezielle Angst von Kinder- und Jugendlichenpsychotherapeuten in der Elternarbeit« davor, »sich vorwerfen lassen zu müssen, dass sie sich auf das Gebiet der Erwachsenentherapie gewagt hätten und weder dazu befähigt noch berechtigt zu sein« (Althoff, 2017, S. 117). Deshalb stellen Supervision und kollegiale Intervision unabdingbare Werkzeuge der Therapeutin zur Bewusstmachung ihrer Verstrickungen und Wiederherstellung ihrer triangulären Position gegenüber Eltern und Kind dar.

5.4 Elternarbeit als Triangulierungsarbeit

In verschiedener Art und Weise stößt die Therapeutin in der Arbeit mit den Eltern Triangulierungsprozesse an:
- Die Therapeutin bezieht und verbindet das Geschehen in den beiden therapeutischen Räumen *Einzeltherapie des Kindes* und *Gespräche mit den Eltern* aufeinander und miteinander.
- Die Voraussetzung dafür ist nicht nur, dass die Eltern die Therapeutin als Dritte zulassen können, sondern auch, dass die Therapeutin die Eltern als Dritte zu ihrer Therapiebeziehung zum Kind zulassen kann.
- Indem die Therapeutin dafür sorgt, dass der Vater als Dritter eine klare Rolle im therapeutischen Setting einnimmt und ausübt, stärkt sie die Triangulierungen in der Familie und die Rolle des Vaters als triangulierender Dritter. Gleiches gilt für die Mutter, wenn diese zu wenig Raum in der Welt des Kindes gegenüber dem Vater einnimmt.
- Die Umsetzung des Settings, wenn die Eltern – vielleicht erst nach längerer Vorarbeit in den Elterngesprächen – ihr Kind zunehmend leichter und selbstständiger in die Einzeltherapie gehen lassen können, unterstützt Triangulierung im Sinne von Ablösungs- und Autonomieschritten.
- Die gewohnten Wahrnehmungs- und Denkmuster der Eltern werden bereits dadurch erweitert, dass sie Dinge überhaupt in Worte fassen und anders sprechen und anders zuhören, wenn ein Dritter dabei ist.

- Dabei wird sich jeder Elternteil seiner Wahrnehmungen über den anderen Elternteil, über das Kind und die Beziehungen zwischen den Einzelnen bewusst und erfährt auch, was der andere darüber denkt und – wenn die Therapeutin zirkulär fragt – was der andere denkt, dass er selbst denkt. Damit werden auch Mentalisierungsprozesse gefördert.
- Zum Bild, das jeder der beiden Elternteile vom Kind hat, stellt die Therapeutin mit ihrem Bild ein drittes Bild vom Kind zur Verfügung. Insofern dies ein positives Bild ist, beinhaltet es zugleich auch eine positive Spiegelung der Eltern nach dem Prinzip: »Ein ›gutes‹ Kind hat auch ›gute‹ Eltern« (Alheim, 2007, S. 258).
- Indem die Therapeutin den Versuchen der verschiedenen Familienmitglieder widersteht, sie aus ihrer ausgleichenden, triangulierten Position einer Dritten gegenüber allen heraus- und in die eine oder andere Dyade hineinzuziehen, machen die Eltern eine neue Erfahrung damit, wie Konflikte, Affekte, regressive Bedürfnisse aufgenommen, beantwortet und gelöst werden können, nämlich ohne die pathogenen Abwehrmechanismen wie Spaltungen, Sündenbockzuschreibungen oder Ausschluss des Dritten.
- Die Therapeutin widersteht der Verführung, die Position der Richterin einzunehmen und zu entscheiden, wer recht hat und wer schuld ist, und vertritt anstelle einer Haltung des *Entweder-oder* die des *Sowohl-als-auch,* stellt, in der Sprache der kleinianischen Psychoanalyse ausgedrückt, anstelle von Erlebnisweisen der paranoid-schizoiden Position solche der depressiven Position zur Verfügung.
- Sie fasst Versuche der Eltern, die Therapeutin auszuschließen – »Was wollen Sie von uns, wir haben doch gar keine Probleme mehr, außer wenn wir hier zu Ihnen müssen …« –, ebenso als Störungen der Triangulierung auf, wie wenn sie und die Eltern sich allzu einig sind und zu gut verstehen. Denn zu viel Übereinstimmung schließt wiederum anderes aus und geht auf Kosten der Spannung, aus der sich der kreative therapeutische Prozess nährt.
- Indem die Therapeutin so nach allen Seiten hin offen und abgegrenzt zu sein versucht, sich weder für die Erfüllung der Wünsche

des Kindes bei den Eltern einsetzt, noch zum verlängerten Arm der Eltern beim Kind wird, sorgt sie dafür, dass die Beziehungen so weiterentwickelt werden können, dass sie triadisch aufgespannt und gehalten werden können, statt immer schnell regressiv in Dyaden zu zerfallen.

5.5 Die Eltern stärken

Weil die Elterngespräche dazu beitragen, dass die Eltern ihre elterlichen Kompetenzen besser entwickeln und entfalten können, stärken sie das Selbstwertgefühl der Eltern und ihre Position gegenüber dem Kind, ihren eigenen Eltern, ihrer Umwelt, Fachpersonen, Lehrern. Da der Fokus in den Elterngesprächen auf den Eltern als Eltern und nicht als Ehepaar, Berufsmenschen usw. liegt, werden zwar andere wichtige Problemfelder auch benannt und in ihrer Bedeutung für die Problematik mit dem Kind vielleicht immer wieder aufgegriffen, aber nicht in dem Sinne, dass in den Elterngesprächen selbst die Lösung für die Paarprobleme, die Berufsprobleme oder die Depression der Eltern gefunden werden könnte. Dafür sind, wenn nötig, andere Ressourcen zu mobilisieren. Diese Abgrenzung schützt davor, dass die Eltern in einen regressiven Prozess der Therapeutin gegenüber geraten und plötzlich bei ihr die Lösung aller ihrer Probleme suchen.

Deswegen »spricht die Kindertherapeutin Mutter und Vater stets als Erwachsene an, denn als solche werden sie vom Kind gebraucht« (Alheim, 2007, S. 263). Wenn man ihnen erklärt, dass es hier um sie nur als Eltern- und nicht als Liebes- oder Ehepaar geht, öffnen sie sich schneller. Man achtet nicht nur darauf, die Eltern nicht zu Patienten zu machen, sondern verzichtet auch darauf, ihnen aus einer Position des Besserwissens Ratschläge zu geben. Gerade im Umgang mit scheinbar sehr kooperativen, aber im Grunde sehr ängstlichen Eltern, die sich wegen jeder kleinen Sache besorgt an die Therapeutin wenden, sollte man an Winnicotts (1977; dt. 1980, S. 16) Warnung denken: »Die Behandlung eines Kindes kann sogar etwas sehr Wertvolles stören, nämlich die Fähigkeit des Elternhauses, mit dem jeweiligen Befinden des Kindes umzugehen ...«

Häufig, besonders in der Adoleszenz, geht es darum, dass den Eltern geholfen werden muss, sich ihrem Kind gegenüber klar zu positionieren, sich wahrnehmbar und spürbar zu machen. Das bedeutet, nicht nur ihre gute Beziehung zum Kind, sondern auch ihre verlorene Autorität wiederherzustellen, was nicht nur aus psychologischen Gründen nötig ist, sondern auch dafür, dass sie ihre Verantwortung gegenüber dem Kind auch im juristischen Sinn wahrnehmen können. Hier hilft es den Eltern, wenn zum Hintergrundwissen der Therapeutin auch aktive Strategien gehören, wie etwa die der Förderung der elterlichen Präsenz und elterlichen Autorität durch Beziehung ohne Gewalt (Omer u. Streit, 2016). Andererseits ist, wie schon erwähnt, immer zu bedenken, dass eine Förderung der Eltern in Richtung mehr erzieherischer Kompetenz manchmal zwar kurzfristige Effekte zeigt, mittelfristig aber nichts nützt, wenn die neurotischen Probleme der Eltern übergangen wurden und die Chance vertan wurde, die psychodynamischen Verstrickungen zwischen ihnen und dem Kind zu bearbeiten.

5.6 Phasen der Elternarbeit

Wie jeder andere Prozess verläuft auch die Elternarbeit in bestimmten typischen Etappen. In Anlehnung an Novick und Novick (2005, dt. 2009) lassen sich fünf Phasen unterscheiden, in denen von den Eltern jeweils bestimmte Entwicklungsschritte gemeistert werden müssen:
- In der Abklärungsphase müssen die Eltern dazu gewonnen werden, Veränderung zuzulassen und daran mitzuwirken.
- Der Therapiebeginn erfordert, dass sie Trennung zulassen, es aushalten, dass das Kind mit einem anderen Erwachsenen zusammen ist.
- In der mittleren Phase müssen sie psychische Getrenntheit, Individuation, Autonomie zulassen.

- In der Vorbereitung der Beendigung geht es um die Entwicklung von Freude an der Weiterentwicklung und Validierung des Erreichten.
- Die Beendigung erfordert eine Anerkennung der Trauer des Kindes und die Internalisierung der Beziehung des Kindes wie der Eltern zur Therapeutin.

Diese Phasen gehen jeweils mit bestimmten Affekten und Widerständen der Eltern und technischen Möglichkeiten der Therapeutin einher, auf die hier nicht eingegangen werden kann. In der mittleren Behandlungsphase, wenn die Therapie scheinbar rund läuft, neigen Therapeutinnen dazu, die Arbeit mit den Eltern zu vernachlässigen und sie nur in großen Abständen oder nach Bedarf einzubeziehen, obwohl, so Novick und Novick (2005, dt. 2009), auch in dieser Phase wichtige Dinge mit den Eltern zu bearbeiten wären. Mit Eltern, die das in den Elterngesprächen Erarbeitete nicht internalisieren und konsolidieren können, müsse unter Umständen auch nach Beendigung der Einzeltherapie weitergearbeitet werden.

Das bevorstehende Ende löst oft nicht nur beim Kind noch einmal Symptome aus, sondern auch bei den Eltern werden Ängste manifest, die sich darauf beziehen, wie es nun ohne die Therapie und die Elterngespräche weitergehen wird, dass sie mit den zukünftigen Problemen und Herausforderungen wieder allein sein werden. Wichtige Fragen in diesem Zusammenhang sind, ob das Kind etwas anderes, ähnlich Kreatives oder Beziehungsorientiertes an die Stelle der Therapie setzen kann oder ob es diesen Entwicklungsraum ersatzlos verlieren wird. Und ob sich die Eltern die Freiheit nehmen können, sich wieder bei der Therapeutin zu melden, wenn sie merken, dass sie allein nicht weiterkommen oder das Kind wieder Symptome entwickelt.

Literatur

Alheim, R. (2007). Die begleitende tiefenpsychologisch fundierte Psychotherapie der Bezugspersonen. In H. Hopf, W. Windaus (Hrsg.), Lehrbuch der Psychotherapie, Bd. 5: Psychoanalytische und tiefenpsychologisch fundierte Kinder- und Jugendlichenpsychotherapie (S. 253–269). München: CIP-Medien.

Althoff, M.-L. (2017). Die begleitende Psychotherapie der Bezugspersonen. Theorien, Modelle und Behandlungstechniken in der psychodynamischen Psychotherapie. Stuttgart: Kohlhammer.

Brazelton, T. B., Greenspan, S. I. (2000, dt. 2002). Die sieben Grundbedürfnisse von Kindern. Was jedes Kind braucht, um gesund aufzuwachsen, gut zu lernen und glücklich zu sein. Weinheim: Beltz.

Burlingham, D. T. (1935/1988). Kinderanalyse und Mutter. In G. Biermann (Hrsg.), Handbuch der Kinderpsychotherapie (S. 272–279). Frankfurt a. M.: Fischer.

Chethik, M. (1989). Techniques of child therapy. Psychodynamic strategies. New York: Guilford Press.

Datler, W., Figdor, H., Gstach, J. (1999). Die Wiederentdeckung der Freude am Kind. Psychoanalytisch-pädagogische Erziehungsberatung heute. Gießen: Psychosozial-Verlag.

Diez Grieser, M. T. (1996). Probleme der Elternarbeit in der Psychotherapie mit Kindern und Jugendlichen. Kinderanalyse, 4, 241–253.

Diez Grieser, M. T., Müller, R. (2018). Mentalisieren mit Kindern und Jugendlichen. Stuttgart: Klett-Cotta.

Dührssen, A. (1960/1989). Psychotherapie bei Kindern und Jugendlichen. Ein Lehrbuch für Familien- und Kindertherapie (7. Aufl.). Göttingen: Vandenhoeck & Ruprecht.

Fend, H. (1990). Vom Kind zum Jugendlichen. Der Übergang und seine Risiken. Bern: Huber.

Figdor, H. (1997). Scheidungskinder – Wege der Hilfe. Gießen: Psychosozial-Verlag.

Fivaz-Depeursinge, E., Corboz-Warnery, A. (1999, dt. 2001). Das primäre Dreieck. Vater, Mutter und Kind aus entwicklungstheoretisch-systemischer Sicht. Heidelberg: Carl-Auer.

Fraiberg, S., Adelson, E., Shapiro, V. (1975). Ghosts in the nursery: A psychoanalytic approach to the problems of impaired infant-mother relationships. Journal of American Academy of Child Psychiatry, 14 (3), 387–421.

Freud, A. (1965). Wege und Irrwege der Kinderentwicklung. In: Die Schriften der Anna Freud, Bd. 8. Frankfurt a. M.: Fischer.

Freud, A. (1966). Eine kurze Geschichte der Kinderanalyse. In: Die Schriften der Anna Freud, Bd. 9. Frankfurt a. M.: Fischer.

Freud, A. (1970). Kinderanalyse als ein Spezialfach der Psychoanalyse. In: Die Schriften der Anna Freud, Bd. 9. Frankfurt a. M.: Fischer.

Freud, S. (1909b). Analyse der Phobie eines fünfjährigen Knaben. GW, Bd. VII. Frankfurt a. M.: Fischer.

Freud, S. (1914). Zur Einführung des Narzißmus. GW, Bd. X. Frankfurt a. M.: Fischer.

Freud, S. (1916–17). Vorlesungen zur Einführung in die Psychoanalyse. GW, Bd. XI. Frankfurt a. M.: Fischer.

Frevert, G., Cierpka, M., Joraschky, P. (1996). Familiäre Lebenszyklen. In M. Cierpka (Hrsg.), Handbuch der Familiendiagnostik (S. 163–193). Berlin: Springer.

Garstick, E. (2013). Junge Väter in seelischen Krisen. Wege zur Stärkung der männlichen Identität. Stuttgart: Klett-Cotta.

Göttken, T., Klitzing, K. v. (2015). Psychoanalytische Kurzzeittherapie mit Kindern (PaKT). Ein Behandlungsmanual. Stuttgart: Klett-Cotta.

Green, A. (1993). Die tote Mutter. Psyche – Zeitschrift für Psychoanalyse und ihre Anwendungen, 47 (3), 205–240.

Grieser, J. (2001). Vater, Mutter, Kind und Therapeut. Die therapeutische Funktion des Dritten in der Behandlung depressiver Zustände. Forum der Psychoanalyse, 17, 64–83.

Grieser, J. (2004). Triangulierungsprozesse und die Funktion des Rahmens. Kinderanalyse, 12 (2), 85–103.

Grieser, J. (2008). Der Vater als Begleiter in der Adoleszenz. In H. Walter (Hrsg.), Vater, wer bist du? Auf der Suche nach dem »hinreichend guten« Vater (S. 124–149). Stuttgart: Klett-Cotta.

Grieser, J. (2011). Architektur des psychischen Raumes. Die Funktion des Dritten. Gießen: Psychosozial-Verlag.

Grieser, J. (2015). Triangulierung. Gießen: Psychosozial-Verlag.

Grieser, J. (2017). Die Elternarbeit in der Kinderpsychotherapie. Psychoanalytische Familientherapie, 33, 17 (II), 27–42.

Horn, H. (2003). Zur Einbeziehung der Eltern in die analytische Kinderpsychotherapie. Praxis der Kinderpsychologie und Kinderpsychiatrie, 52, 766–776.

Hug-Hellmuth, H. (1920/1994). Zur Technik der Kinderanalyse. Kinderanalyse, 2, 9–27.

Klauber, T. (1998, dt. 1999). Die Bedeutung des Traumas bei der Arbeit mit den Eltern schwer gestörter Kinder und Implikationen für die Arbeit mit Eltern im allgemeinen. Analytische Kinder- und Jugendlichenpsychotherapie, 103, 399–425.

Klitzing, K. v., Stadelmann, S. (2011). Das Kind in der triadischen Beziehungswelt. Psyche – Zeitschrift für Psychoanalyse und ihre Anwendungen, 65, 953–972.

Mooij, A. (2003). Die Bedeutung des Vaters in der Psychosebehandlung. Überlegungen zu Theorie und Technik. Riss, 56, 81–92.

Novick, J., Novick, K. K. (2005, dt. 2009). Elternarbeit in der Kinderpsychoanalyse. Frankfurt a. M.: Brandes & Apsel.

Ogden, T. H. (2004, dt. 2006). Das analytische Dritte, das intersubjektive Subjekt der Analyse und das Konzept der projektiven Identifikation. In M. Altmeyer, H. Thomä (Hrsg.), Die vernetzte Seele. Die intersubjektive Wende in der Psychoanalyse (S. 35–64). Stuttgart: Klett-Cotta.

Omer, H., Streit, P. (2016). Neue Autorität: Das Geheimnis starker Eltern. Göttingen: Vandenhoeck & Ruprecht.

Ornstein, A., Ornstein, P. (1985, dt. 1994). Elternschaft als Funktion des erwachsenen Selbst: Eine psychoanalytische Betrachtung der Entwicklung. Kinderanalyse, 2 (3), 351–376.

Pleyer, K. H. (2004). Co-traumatische Prozesse in der Eltern-Kind-Beziehung. Systhema, 18 (2), 132–149.

Pühl, H. (1998). Team-Supervision. Von der Subversion zur Institutionsanalyse. Göttingen: Vandenhoeck & Ruprecht.

Ratey, J. J., Johnson, C. (1997, dt. 1999). Das Schattensyndrom. Neurobiologie und leichte Formen psychischer Störungen. Stuttgart: Klett-Cotta.

Reik, T. (1948, dt. 1976). Hören mit dem dritten Ohr. Die innere Erfahrung eines Psychoanalytikers. Hamburg: Hoffmann u. Campe.

Richter, H.-E. (1963/1969). Eltern, Kind und Neurose. Psychoanalyse der kindlichen Rolle. Reinbek: Rowohlt.

Rüth, U. (2000). Ambulante tiefenpsychologisch fundierte oder psychoanalytische Behandlungen von Kindern und Jugendlichen vor einer stationären Aufnahme in die Kinder- und Jugendpsychiatrie. Analytische Kinder- und Jugendlichenpsychotherapie, 107, 355–373.

Schechter, D. S., Kaminer, T., Grienenberger, J., Amat, J. (2003). Fits and starts: A mother-infant case-study involving pseudoseizures across 3 generations in the context of violent trauma history. Infant Mental Health Journal, 24 (5), 510–528.

Schepker, R. (2017). Kultursensible Psychotherapie mit Kindern und Jugendlichen. Göttingen: Vandenhoeck & Ruprecht.

Seiffge-Krenke, I. (2007). Psychoanalytische und tiefenpsychologisch fundierte Therapie mit Jugendlichen. Stuttgart: Klett-Cotta.

Seiffge-Krenke, I., Boeger, A., Schmidt, C., Kollmar, F., Floss, A., Roth, M. (1996). Chronisch kranke Jugendliche und ihre Familien: Belastung, Bewältigung und psychosoziale Folgen. Stuttgart: Kohlhammer.

Seiffge-Krenke, I., Cinkaya, F. (2017). Behandlungsabbrüche: Therapeutische Konsequenzen einer Metaanalyse. Göttingen: Vandenhoeck & Ruprecht.

Soulé, M. (1990). Das Kind im Kopf – das imaginäre Kind. Sein strukturierender Wert im Austausch zwischen Mutter und Kind. In J. Stork (Hrsg.), Neue Wege im Verständnis der allerfrühesten Entwicklung des Kindes. Erkenntnisse der Psychopathologie des Säuglingsalters (S. 20–80). München: Frommann-Holzboog.

Stierlin, H. (1975). Eltern und Kinder. Das Drama von Trennung und Versöhnung im Jugendalter. Frankfurt a. M.: Suhrkamp.

Willi, J. (1978/1991). Therapie der Zweierbeziehung. Analytisch orientierte Paartherapie. Anwendung des Kollusions-Konzeptes. Handhabung der therapeutischen Dreiecksbeziehung. Reinbek: Rowohlt.

Windaus, E. (1999). Psychoanalytische Elternarbeit und szenisches Verstehen. Analytische Kinder- und Jugendlichenpsychotherapie, 103, 307–337.

Windaus, E. (2007). Psychoanalytische Kurz- und Fokaltherapie bei Kindern, Jugendlichen und ihren Eltern. In H. Hopf, W. Windaus (Hrsg.), Lehrbuch der Psychotherapie, Bd. 5: Psychoanalytische und tiefenpsychologisch fundierte Kinder- und Jugendlichenpsychotherapie (S. 535–551). München: CIP-Medien.

Winnicott, D. W. (1971). Übergangsobjekte und Übergangsphänomene. In: Vom Spiel zur Kreativität (S. 10–36). Stuttgart: Klett-Cotta.

Winnicott, D. W. (1977, dt. 1980). Piggle. Eine Kinderanalyse. Stuttgart: Klett-Cotta.

PSYCHODYNAMIK KOMPAKT

Hansruedi Ambühl: **Zwangsstörungen – Integration psychodynamischer und kognitiv-verhaltenstherapeutischer Perspektiven**
ISBN 978-3-525-40607-6

Maria Belz / Ibrahim Özkan: **Psychotherapeutische Arbeit mit Migranten und Flüchtlingen**
ISBN 978-3-525-40578-9

Stephan Bender: **Einführung in die Schematherapie aus psychodynamischer Sicht**
Eine integrative, schulenübergreifende Konzeption. ISBN 978-3-525-40574-1

Cord Benecke: **Psychodynamische Therapien und Verhaltenstherapie im Vergleich: Zentrale Konzepte und Wirkprinzipien**
ISBN 978-3-525-40568-0

Gitta Binder-Klinsing: **Psychodynamische Supervision**
ISBN 978-3-525-40558-1

Anna Buchheim: **Bindungsforschung und psychodynamische Psychotherapie**. ISBN 978-3-525-40612-0

Stephan Doering: **Übertragungsfokussierte Psychotherapie (TFP)**
ISBN 978-3-525-40569-7

Peter Geißler: **Psychodynamische Körperpsychotherapie**
ISBN 978-3-525-40605-2

Günter Gödde: **Mit dem Unbewussten arbeiten**. ISBN 978-3-525-45196-0

Hans-Peter Hartmann: **Narzissmus und narzisstische Persönlichkeitsstörungen**
ISBN 978-3-525-40611-3

Helmwart Hierdeis: **Traum und Traumverständnis in der Psychoanalyse**
ISBN 978-3-525-40606-9

Holger Kirsch / Annemarie Bauer: **Psychodynamische Perspektiven in der Sozialen Arbeit**
ISBN 978-3-525-40600-7

Jürgen Körner: **Psychodynamische Interventionsmethoden**
ISBN 978-3-525-40561-1

Gerd Lehmkuhl / Ulrike Lehmkuhl: **Kunst als Medium psychodynamischer Therapie mit Jugendlichen**
ISBN 978-3-525-40575-8

Marianne Leuzinger-Bohleber: **Chronische Depression, Trauma und Embodiment**
Eine transgenerative Perspektive in psychoanalytischen Behandlungen
ISBN 978-3-525-40610-6

 Vandenhoeck & Ruprecht Verlage

PSYCHODYNAMIK KOMPAKT

Christiane Ludwig-Körner: **Eltern-Säuglings-Kleinkind-Psychotherapie**
ISBN 978-3-525-40560-4

Meinolf Peters: **Psychodynamische Psychotherapie mit Älteren**
ISBN 978-3-525-40595-6

Luise Reddemann: **Mitgefühl, Trauma und Achtsamkeit in psychodynamischen Therapien**
ISBN 978-3-525-40556-7

Franz Resch: **Selbstverletzung als Selbstfürsorge-** Zur Psychodynamik selbstschädigenden Verhaltens bei Jugendlichen. ISBN 978-3-525-40608-3

Gerd Rudolf: **Psychotherapeutische Identität.** ISBN 978-3-525-40572-7

Renate Schepker: **Kultursensible Psychotherapie mit Kindern und Jugendlichen.** ISBN 978-3-525-40598-7

Benno G. Schimmelmann: **Medikamente geben oder geben lassen**
Psychotherapie und Psychopharmakotherapie bei Kindern und Jugendlichen und ihre Wechselwirkungen
ISBN 978-3-525-40601-4

Inge Seiffge-Krenke: **Widerstand, Abwehr und Bewältigung**
ISBN 978-3-525-40579-6

Inge Seiffge-Krenke / Fatima Cinkaya: **Behandlungsabbrüche: Therapeutische Konsequenzen einer Metaanalyse.** ISBN 978-3-525-40580-2

Kathrin Sevecke / Maya Krischer: **Jugendliche Persönlichkeitsstörungen im psychodynamischen Diskurs**
ISBN 978-3-525-40559-8

Hermann Staats: **Die therapeutische Beziehung – Spielarten und verwandte Konzepte**
ISBN 978-3-525-40599-4

Christiane Steinert / Falk Leichsenring: **Psychodynamische Psychotherapie in Zeiten evidenzbasierter Medizin**
Bambi ist gesund und munter
ISBN 978-3-525-40573-4

Svenja Taubner / Jana Volkert: **Mentalisierungsbasierte Therapie für Adoleszente (MBT-A)**
ISBN 978-3-525-40576-5

Martin Teising: **Selbstbestimmung zwischen Wunsch und Illusion**
Eine psychoanalytische Sicht
ISBN 978-3-525-40577-2

Silke Wiegand-Grefe: **Psychodynamische Intervention in Familien mit chronischer Krankheit**
ISBN 978-3-525-40557-4

 Vandenhoeck & Ruprecht Verlage